U0662589

中国文学与文化研究丛书

万志全 著

LAOZI ZAOWU
SIXIANG YANJIU

《老子》造物思想研究

GUANGXI NORMAL UNIVERSITY PRESS

广西师范大学出版社

·桂林·

图书在版编目（CIP）数据

《老子》造物思想研究 / 万志全著. --桂林：广西师范大学出版社，2021.11
（中国文学与文化研究丛书）
ISBN 978-7-5598-4385-2

Ⅰ．①老… Ⅱ．①万… Ⅲ．①《道德经》－研究
Ⅳ．①B223.15

中国版本图书馆 CIP 数据核字（2021）第 214300 号

广西师范大学出版社出版发行

（广西桂林市五里店路 9 号　邮政编码：541004）

网址：http://www.bbtpress.com

出版人：黄轩庄

全国新华书店经销

桂林金山文化发展有限责任公司印刷

（广西桂林市中华路 22 号　邮政编码：541001）

开本：787 mm × 1 092 mm　1/16

印张：14.5　　字数：175 千

2021 年 11 月第 1 版　　2021 年 11 月第 1 次印刷

定价：48.00 元

如发现印装质量问题，影响阅读，请与出版社发行部门联系调换。

老子是我国古代最伟大的思想家之一,是道家学派的创始人。在老子看来,道是天地万物的本源及其生化、运行之规律。老子倡导的"尊道贵德、道法自然、慎终如始、物极必反""无为、无知、无欲、无私""虚静、柔弱、不争、知足""谦、勇、啬、慈、哀"等思想主张是古代哲理智慧之精华。而若从艺术设计的眼光观照《老子》,我们可从中解读出一些造物思想来。所谓造物,就是造出适合人类使用或欣赏之物。只要那个"物"中加入了人的某种理念,便凝练了造物思想于其中。而作为专业的造物者,则需注入较为专业的、体系性的艺术设计思想于所造之物中,使得所造之物符合大众的艺术欣赏习惯和审美理念,从而满足实用和审美欣赏之双重目的。因此,造物思想就是运用造物理念,在造出可用之物或可欣赏之物伊始,运用艺术设计和实用设计方略来造出所需之物的体系化思想。《老子》中关于谁是造物主、造物原则、造物禁忌、造物规律、造物理想等方面的论述,精练独到,如若细细品来,可让人豁然开朗,令人如获至宝。

一、道是天地万物的造物主

老子认为,道先天地而生,是天地之根源。《六章》(《老子·六章》的简写,下同)曰:"谷神不死,是谓玄牝。玄牝之门,是谓天地根。"道在虚空中永不停歇的变化,是一切事物萌生之地,是天地之根源。《二十五章》亦曰:"有物混成,先天地生。寂兮寥兮,独立而不改,周行而不殆,可以为天地母。吾不知其名,强字之曰道,强为之名曰大。"在此,老子明确指出,道先天地而生,乃天地之母。

同时,老子也认为,道生万物。《四章》曰:"渊兮!似万物之宗。"这里是说,道像是深渊,像是万物的宗主。其中,宗主是本源的意思,也就是说,道是万物之本源。《四十章》则曰:"天下万物生于有,有生于无。"老子认为,天下万物生于有,有又生于无。这和《老子》第四章所阐述的"道是万物之本源"会不会有观点之冲突呢? 其中的"道"和"无、有"之间又是什么关系呢? 这些问题其实早在《一章》里就已明确指出:"道可道,非常道;名可名,非常名。无,名天地之始;有,名万物之母。"在老子看来,"道"本身包含着"无"和"有"两种状态,"无"是道在天地混沌未开时的名字,"有"是道生出万物时的名字;换而言之,当"道"还处于"无"之形态的时候,天地还是混沌未开的,而当"道"显现为"有"之形态的时候,它便开始生出万物来。由此可见,"无"和"有"是道的两个别名,而"道"即为万物之母。那么,道是如何生出万物来的呢?《四十二章》曰:"道生一,一生二,二生三,三生万物。万物负阴而抱阳,冲气以为和。"无形的道先是生出有形的、混沌的"元气"来,这叫作"道生一";但是,"一"还不能直接生出万物来,它要先分化为"阴气"与"阳气",这叫作"一生二";而"阴气"和"阳气"也不能在一起生出万物来,它们需要相磨相合,生出"和气"来,这叫作"二生三";而生出"和气"来又有什么用呢? 其作用就在于,只有这"和气"才能生出万物来,这叫作"三生万物"。由此可见,"道"要经过一系列变化,在形成"和气"之后,才能生出万物来。那么,万物与天地、阴阳之间存在怎样的关系呢? 它们之间的关系是:轻清的"阳气"上升为天,重浊的"阴气"下沉为地,天、地其实是"阳气"和"阴气"的别称,而万物则处在天地之间,万物由"和气"而生,这叫作"万物负阴而抱阳,冲气以为和"。由此可见,"道"不但是天地之母,而且是万物之母,天地和万物都是"道"生化出来的。

二、老子的造物原则

老子认为,具有道家思想的造物者与普通人迥异。道家造物者清心寡欲,朴素清静,他们不大关注所造之物的外在形体与美感享受,而更关注所造之物的实用价值。

(一)清心寡欲

老子认为,具有道家气质的造物者,其清心寡欲表现在"不勤、玄同、超然"等方面。《五十二章》曰:"塞其兑,闭其门,终身不勤。"道家造物者能够堵塞欲念的孔穴,关闭欲念的大门,终身都不勤于扰动欲念,亦即不发动欲念,以便让自己能够清心寡欲。《五十六章》亦曰:"塞其兑,闭其门;挫其锐,解其纷;和其光,同其尘,是谓玄同。"道家造物者能够塞住欲念的孔穴,关闭欲念的大门;挫掉欲念的锋芒,消解欲念的纷扰;调和欲念的光芒,混同欲念的尘埃,达到一种玄妙的齐同一切的境界。这种境界呈现为一种没有任何欲念骚动的清心寡欲状态。《二十六章》曰:"虽有荣观,燕处超然。"即使有热闹的玩乐场所,却超然于玩乐之外。因此,具有道家心态的造物者能够始终如一,不管是造物之前,还是造物之后,身处物的包围之中,他们都能保持一种清心寡欲的状态。拥有这种心态的造物者不以造物为荣,反而认为造物其实是迫不得已而为之的,亦即仅仅是为了满足最低的生存所需而已,因而他们根本不需要通过大量造物,或者造出精美之物来满足常人所具有的那种无聊的享乐之欲。

(二)追求朴素

老子认为,道像是一块朴(亦即没有加工的木材),"道常无名,朴虽小,天下莫能臣"(《三十二章》),它看起来幽微渺小,但天下却没有任何东西能够使它臣服。不但没有任何东西能够使它臣服，而且它的功用也非常大。"道常无为而无不为。侯王若能守之，万物将自化。化而欲作，吾将镇之以无名之朴；镇之以无名之朴，夫将不欲。"（《三十七章》）道总是那样无为，但却没有它做不成的事；侯王们如果能守道的话，万物将自我化生；在化生过程中，如果百姓有多余的欲望泛起，作为侯王，将用无名而朴素的道来镇住百姓，那样一来，百姓就不会有多余的欲望泛起了。倘若百姓不再泛起多余的欲望，就会安静下来，这样一来，天下将会自然而然地安定下来："不欲以静，天下将自定。"（《三十七章》）

老子进而推断，既然这个世界上最大的造物主"道"像是一块未经雕刻的朴，那么，现实生活中的造物者也应向道学习，尽量少一点人为造作，多保留一些物的天然形态。因此，伟大的制作不需要去切割或雕刻朴，只须让朴的本性原生态地呈现即可："朴散则为器……故大制不割。"（《二十八章》）

（三）寻求清静

由于悟到了"反者道之动"（《四十章》）的规律，故而在老子看来，一切人为造作都是徒劳无益的。《六十七章》曰："不敢为天下先，故能成器长。"老子的本意是把国家比喻为"器物"，虽然这句话本来的意思为"因为不敢位居天下人之先，所以能够成就国家这一大器的长久运行"，但仍可从造物的角度来理解，把这句话解读为："不带头制造新式器物，激发人们追逐新潮的享用欲望，只有这样，才能成就器物的长处，造出最好的器物来。"为什么老子不喜欢造新物？因为在他看来，新旧物件之间是可以转化的："敝则新。"（《二十二章》）亦即可以让旧的物件焕发新的作用，而不必随意丢弃之。综上所述，不管是"不敢为天下先"，还是"敝则新"，在造物观上，老子都寻求清静，力戒轻浮与躁动，毕竟"清静为天下正"（《四十五章》）！

（四）求物之用

在造物之际，很多人往往专注于器物之外在形式和美感，很少关注其实用价值究竟有多大，但在老子看来，在"有"（物之形）和"无"（物之用）之间，应该少关注一些"有"，多关注一些"无"。《十一章》曰："三十辐共一毂，当其无，有车之用。埏埴以为器，当其无，有器之用。凿户牖以为室，当其无，有室之用。故有之以为利，无之以为用。"三十根辐条插在轮毂之中，组成了车轮；和土抟泥，烧制而成饮食与日用的陶瓷；建造房屋时必须开凿门窗，有了空间，房屋才有用。据此可知，老子奉劝人们不但要关注器物之形（即其"有"），更要关注器物之用（即其"无"）；毕竟他崇尚"无"，觉得"无"应优于"有"，因此在造物思想方面，我们应该更多地关注"物之用"，更少去关注"物之形"。

三、造物禁忌

在造物与用物过程中，老子讲了一些造物与用物之禁忌，比如勿造、勿用伤人之器（兵器、利器），勿要改造与占有"神器"，勿要迷恋奢侈与稀有之物，勿要恃才自傲等；人们如果触犯了这些禁忌，那就违背了道家思想，就不是老子心目中的悟道者。

（一）勿造、勿用伤人之器

老子反对战争，因而他也极其厌恶兵器："夫兵者，不祥之器，物或恶之，故有道者不处。"（《三十一章》）他认为，兵器是不祥之器，作为一件器物，或许我们应该厌恶它，所以有道之人是不会使用它的，如果是为了自卫而迫不得已使用的话，也应明白"兵者不祥之器，非君子之器，不得已而用之，恬淡为上"（《三十一章》）。"恬淡为上"本为倡导清静无为之意，此处则是要求使用者尽量清静无为，越少使用兵器越好。

老子有时还用"利器"一词来说明君主不应该拿利器来伤害百

姓的道理:"国之利器不可以示人。"(《三十六章》)这里的"利器"本指"锋利的武器",是用来伤人、杀人的或日常自卫的武器,但此处则被老子比喻为"刑罚禁令"。值得一提的是,《五十七章》亦曰:"人多利器,国家滋昏;人多伎巧,奇物滋起。"这里的"利器"是指"精良的工具",与三十六章的"利器"含义不一样,因而不可将这两章的"利器"混为一谈。

(二)勿要改造与占有神器

在我国古代,"神器"要么指祭神的器具(比如祭祀用的食器、水器、香炉、鼎器、瓷器、乐器等),要么指神奇的器物(比如神话传说人物或古代帝王将相制造的刀、剑、琴、鼎等),这些"神器"是不能由着后人随意改造与占有的。《二十九章》曰:"天下神器,不可为也,不可执也。为者败之,执者失之。"在此,老子把天下比喻为"神器",认为天下是不可以有为之举而去改造的,应让天下顺其自然,对待天下应该无为而治,天下不应被君主占为己有,而君主则应"功成身退"(《九章》),并以无私来成就其声名。(《七章》曰:"非以其无私邪? 故能成其私。")由此可见,在老子心中,"神器"是不能随意改造与占为己有的,倘若改造了"神器",那要么会触怒神灵,要么会亵渎神圣的前辈,而这两种后果都是不可取的。

(三)勿要迷恋奢侈与稀有之物

在老子看来,为人应清静与知足,在物的享用与占有方面,"无狎其所居"(《七十二章》),不要蔑视自己的居住环境(包括简陋的房屋与室内摆设),毕竟"金玉满堂,莫之能守"(《九章》)。即便是拥有满屋子的金银玉器,也没人能够守得住。纵欲享乐和贪得无厌是这满堂金玉的"敌人",为人如果整日里纵欲享乐、贪得无厌,那必将"富贵而骄,自遗其咎"(《九章》)。

而从社会风气方面来看,老子发现,那些统治者"服文采,带利剑,厌饮食,财货有余,是为盗竽。非道也哉"(《五十三章》)! 虽然他们穿的衣服很漂亮,佩带的剑也很锋利,饱足精美的饮食,拥有绰绰有余的财富和器物,但老子却极度鄙视这些人,认为他们简直像是强盗头子,毕竟这些东西不是他们自己创造的,而是强抢百姓而得来的,或者靠欺压百姓而得来的,或是强令百姓为其制造的,这些人和强盗已经没有什么区别了。而统治者的喜好会引发民众的心理波动,民众为了讨好君主,或者为了从君主身上获得赏赐与好处,就会不择手段,"难得之货令人行妨"(《十二章》),难得的东西会令人的德行受到伤害,这些东西会诱使民众去偷去抢,因此,作为君主应率先垂范,"不贵难得之货,使民不为盗"(《三章》),不迷恋那些难得的奢侈与稀有之物,以此来劝阻民众不要去做盗贼。

(四)勿要持才自傲

老子认为,造物者应该"不自见,故明;不自是,故彰;不自伐,故有功;不自矜,故长"(《二十二章》)。造物者不能自我表现、自以为是、自夸、矜持,只有这样才是明智的,才能彰明是非,保有功劳,并且长久地保全自身,倘若持才自傲,那是要吃大亏的,"夫代大匠斫者,希有不伤其手矣"(《七十四章》)。如果以为自己已经是"大匠"(伟大的匠人)了,整天不懂装懂、不可一世的话,那几乎没有不伤到自己(或者是原形毕露)的。因此,造物者应该谦虚谨慎,精益求精,以求达到"善建者不拔,善抱者不脱"(《五十四章》)的高级境界。

四、物(或造物)之规律

老子对物与造物之规律的认识较为深刻。比如《四十一章》有"质真若渝""大器晚成""大象无形"等精练的论述。其中,"质真若渝"是说"纯真的品质好像是充满污垢的",这是对物之表里关系的论述;"大器晚成"是说"最珍贵的器物总是最晚制成的",这是对造物应精益求精的论述；"大象无形"是说"最伟大的物象反而没有具体的形体"，这是对道以及造物理念的比喻性论述。另外，还有"大成若缺""大盈若冲""大巧若拙"（《四十五章》）以及"无有入无间"（《四十三章》）等精练的言论。其中，"大成若缺"是说"最伟大的成就却好像有所欠缺"，这是对物之表里关系的论述；"大盈若冲"是说"最充盈的却好像很空虚"，这同样是对物之表里关系的论述；"大巧若拙"是说"最灵巧的东西好像是最笨拙的一样"，这是对物的外在结构与内在便利关系的论述；"无有入无间"是说"没有体积的东西能够钻入没有间隙的东西之中"，这是对物与物之间关系的论述。以上这些论述乍看上去好像有点矛盾与对立，但仔细想来，却又深含着道家思想之哲理，值得人们细细品味。

老子还通过描述大自然的物，来阐述一些物之规律以及造物之规律。比如《六十四章》曰："合抱之木，生于毫末；九层之台，起于累土。"从造物的角度而言，可理解为：道所创造的自然物之生长，需要长时间的积累；而人类造物也是如此，必须经过长时间的辛勤积累，才能获得成功。《五十五章》曰："物壮则老，谓之不道，不道早已。"老子不看好物的强壮状态，他认为那将预示着该物很快会走向死亡，反之，他特别喜欢物的初生状态："草木之生也柔脆，其死也枯槁。故坚强者死之徒，柔弱者生之徒。是以……木强则折。"（《七十六章》）老子不但喜欢物之初生状态，而且欣赏柔弱之物，比如他对水就特别欣赏："天下莫柔弱于水，而攻坚强者莫之能胜，以其无以易之。"（《七十八章》）老子认为，水是万物之中最符合道家理念的物，它虽然柔弱，却能攻克一切"坚强者"，因此，它可谓是老子崇柔思想的最佳代言物。

五、造物理想

由于倡导清静无为，因此在造物理想方面，老子主张尽量少造物,少使用物,即使有各种便利之物也不要去使用它,有各种锐利兵器也绝不去使用它,倘若能够回到那种很少造物的原始阶段,那就太好了。《八十章》曰:"小国寡民。使有什伯之器而不用;使民重死而不远徙;虽有舟舆,无所乘之;虽有甲兵,无所陈之。使人复结绳而用之。"国家要小,民众要少。即使有各种各样的器具也不去使用它;使得民众看重生死而不远徙;即使有车船也没人乘坐它;即使有兵甲武器也不用它来打仗。故而应让民众回到结绳记事的纯朴年代,因为那样的年代可谓是"至治之极"(《八十章》)。

六、对造物者及其管理者的道德警示效用

老子并未有专门论及造物者及其管理者的言论,但他对道及悟道者(圣人)的描述很适合造物者及其管理者。比如《三十五章》曰:"执大象,天下往。往而不害,安平太。"这句话本意是说:"在统治者之中,如果有谁执掌着道这个最伟大的东西,那么天下人都会去他的国度生存,去了之后,不但不会受到伤害,而且能够得到太平安宁。"这句话若是用在造物者及其管理者身上也很恰当,因为造物者及其管理者对"大象"(伟大的形象)会有更为直观的感受,他或许每天都会梦想着有朝一日能造出"大象"来,而非仅仅只能造出一些渺小的、微不足道的器物形象来,他清楚地知道,如果能造出"大象"来,那普天之下的造物者及其管理者都会前来拜访他,拜访了之后,那些人不但不会受到伤害,而且会获得太平安宁,这便是伟大的造物者及其管理者感召力量之体现。

《七十章》曰:"是以圣人被褐而怀玉。"这句话本意是说"圣人就像是外穿粗陋的衣服、内揣美玉一样不被世人所了解",但若用在造物者及其管理者身上也是合适的,因为伟大的造物者及其管理者清静寡欲,所以不会追求外在的形象与包装,而是更在乎内在的德之修养,而且由于老子不主张多造物、造新奇之物、造满足君

主与民众欲望之物,因此在世俗生活中,很少有人能够理解他,不过这也没关系,因为伟大的造物者及其管理者对此毫不在乎,《三十九章》曰:"是故不欲琭琭如玉,珞珞如石。"这句话本意是说"侯王不想让百姓赞之为美丽的玉,而想让百姓赞之为坚硬的石",但若用在造物者及其管理者身上是同样管用的,因为造物者及其管理者只希望能够保持内心的纯朴,尽量少一些外在的包装与刻意雕琢,只有这样才能远离世俗人群,做一位真正的道家造物者或造物管理者。

综上所述,老子的造物思想颇具特色,其中,他对"道乃天地万物之造物主"的阐述令人肃然起敬。因为老子不但创造了"道"这一造物主形象,而且对这一形象之特征描述得细致入微,栩栩如生。老子倡导的清心寡欲、追求朴素、寻求清静、求物之用等造物原则渗透着道家之"无欲"色彩,让人明白造物之本质不在于纵欲,而在于少欲、无欲。老子提出的"勿造、勿用伤人之器(兵器、利器),勿要改造与占有神器,勿要迷恋奢侈、稀有之物,勿要恃才自傲"等"造物禁忌"则浸透着道家之"无为"追求,这些禁忌警示人们不要自以为是地大肆造物,以免造成极大的资源浪费,以及对自然风貌和自然物的极大损伤。老子的"质真若渝、大器晚成、大象无形、大成若缺、大盈若冲、大巧若拙、无有入无间"等精练的格言,以及对造物经验需长久积累的重视(合抱之木,生于毫末;九层之台,起于累土),对强壮生命之反感、对柔弱生命之喜欢(草木之生也柔脆,其死也枯槁。故坚强者死之徒,柔弱者生之徒),对最柔弱的"水"之由衷喜爱(天下莫柔弱于水,而攻坚强者莫之能胜,以其无以易之)等特别经典的关于造物规律的描述,处处体现着他所主张的谦下、退让、隐忍不现等崇无思想。而他提出的"小国寡民。使有什伯之器而不用;使民重死而不远徙;虽有舟舆,无所乘之;虽有甲兵,无所陈之。使人复结绳而用之"这一造物理想,又体现出他对传说中那个无须烦神去造物的远古年代之无比向往。而他对道与悟道者(圣人)之描述,对造物者及其管理者也具有一定的道德警示效用。

毋庸讳言,在当代,很多人不大认同老子的造物思想,这些人会觉得老子的造物思想是一种倒退,是消极的、不值得提倡的。对此,我们发扬"和其光,同其尘"的"不抗辩、不敌对"精神,本着还原老子造物思想的虔诚态度,本真地提炼出关于老子造物的"最善良、最睿智、最发人深省"的精练话语与当代解读,以冀引发学界的深入思考与有益借鉴。

附:《老子》书中直接牵涉到物(或造物)的言论摘录

是以圣人处无为之事,行不言之教,万物作而弗始,生而弗有。(《二章》)此章论及"万物"。

不贵难得之货,使民不为盗。(《三章》)此章论及"难得之货"。

渊兮!似万物之宗。挫其锐,解其纷,和其光,同其尘。(《四章》)此章论及"万物"。

天地不仁,以万物为刍狗……天地之间,其犹橐籥乎!虚而不屈,动而愈出。(《五章》)此章论及"万物、橐籥"。

谷神不死,是谓玄牝。玄牝之门,是谓天地根。(《六章》)此章论及"门"。

金玉满堂,莫之能守。(《九章》)此章论及"金玉"。

涤除玄鉴,能无疵乎?(《十章》)此章论及"鉴"。

三十辐共一毂,当其无,有车之用。埏埴以为器,当其无,有器之用。凿户牖以为室,当其无,有室之用。故有之以为利,无之以为用。(《十一章》)此章论及"辐、毂、车、埴、器、户、牖、室"。

难得之货令人行妨。(《十二章》)此章论及"难得之货"。

万物并作,吾以观复。(《十六章》)此章论及"万物"。

道之为物,惟恍惟惚。惚兮恍兮,其中有象;恍兮惚兮,其中有物。(《二十一章》)此章论及"物"。

敝则新。(《二十二章》)此章论及物之"敝"与"新"。

有物混成,先天地生。寂兮寥兮,独立而不改,周行而不殆,可以为天地母。吾不知其名,强字之曰道,强为之名曰大。(《二十五章》)此章论及"物"。

虽有荣观,燕处超然。(《二十六章》)此章论及"荣观"。

善闭,无关楗而不可开;善结,无绳约而不可解。是以圣人……常善救物,故无弃物。(《二十七章》)此章论及"关楗、绳约、救物、弃物"。

朴散则为器……故大制不割。(《二十八章》)此章论及"朴"。

天下神器,不可为也,不可执也。为者败之,执者失之。(《二十九章》)此章论及"神器"。

物壮则老,是谓不道,不道早已。(《三十章》)此章论及"物壮"。

夫兵者,不祥之器,物或恶之,故有道者不处。(《三十一章》)此章论及"兵、不祥之器"。

道常无名,朴虽小,天下莫能臣。(《三十二章》)此章论及"朴"。

执大象,天下往。往而不害,安平太。(《三十五章》)此章论及"大象"。

国之利器不可以示人。(《三十六章》)此章论及"利器"。

道常无为而无不为。侯王若能守之,万物将自化。化而欲作,吾将镇之以无名之朴;镇之以无名之朴,夫将不欲。(《三十七章》)此章论及"万物、朴"。

是故不欲琭琭如玉,珞珞如石。(《三十九章》)此章论及"玉、石"。

天下万物生于有,有生于无。(《四十章》)此章论及"万物"。

质真若渝……大器晚成……大象无形。(《四十一章》)此章论及"质、大器、大象"。

道生一,一生二,二生三,三生万物。万物负阴而抱阳,冲气以为和。(《四十二章》)此章论及"万物"。

无有入无间。(《四十三章》)此章论及物之"无有"与"无间"。

大成若缺,其用不弊;大盈若冲,其用不穷。(《四十五章》)此章论及物之"大成、缺、大盈、冲"。

道生之,德畜之,物形之,势成之。是以万物莫不尊道而贵德。(《五十一章》)此章论及"万物"。

塞其兑,闭其门,终身不勤。(《五十二章》)此章论及"兑、门"。

服文采,带利剑,厌饮食,财货有余,是为盗竽。非道也哉!(《五十三章》)此章论及"文采、利剑、财货"。

善建者不拔,善抱者不脱。(《五十四章》)此章论及"建"与"抱"。

物壮则老,谓之不道,不道早已。(《五十五章》)此章论及"物壮"。

塞其兑,闭其门;挫其锐,解其纷;和其光,同其尘,是谓玄同。(《五十六章》)此章论及"兑、门、锐、纷、光、尘"。

人多利器,国家滋昏;人多伎巧,奇物滋起。(《五十七章》)此章论及"利器、奇物"以及造物之"伎巧"。

道者,万物之奥,善人之宝,不善人之所保。……故立天子,置三公,虽有拱璧以先驷马,不如坐进此道。(《六十二章》)此章论及"万物、宝、拱璧"。

合抱之木,生于毫末;九层之台,起于累土。(《六十四章》)此章论及"合抱之木、九层之台"。

不敢为天下先,故能成器长。(《六十七章》)此章论及"器之长"。

是以圣人被褐而怀玉。(《七十章》)此章论及"褐、玉"。

无狎其所居。(《七十二章》)此章论及"所居"。

天网恢恢,疏而不失。(《七十三章》)此章论及"天网"。

夫代大匠斫者,希有不伤其手矣。(《七十四章》)此章论及"大匠、斫"。

草木之生也柔脆,其死也枯槁。故坚强者死之徒,柔弱者生之徒。是以……木强则折。(《七十六章》)此章论及"草木之生"与"木强"。

天之道,其犹张弓与?高者抑下,下者举之,有余者损之,不足者补之。天之道,损有余而补不足。(《七十七章》)此章论及"张弓"。

天下莫柔弱于水,而攻坚强者莫之能胜,以其无以易之。(《七十八章》)此章论及"水"。

小国寡民。使有什伯之器而不用;使民重死而不远徙;虽有舟舆,无所乘之;虽有甲兵,无所陈之。使人复结绳而用之。(《八十章》)此章论及"什伯之器、舟舆、甲兵、结绳"。

目 录

2

【章旨串讲】 "道"非寻常之道

老子者,何许人也？大圣贤也,像是神人,"神龙见首不见尾"者也。他无所不知,无所不晓,上知天文地理,下知朝代更迭与人间祸福。他通达"道""德"二字之真谛,他告诉人们,一切事物与现象之规律即为"道"。"道"是一种抽象的路径,这路径既包括万事万物运行之轨迹,也包括万事万物发展变化之规律。

《老子》(又名《道德经》)仅五千余言,分 81 章。它简略地谈及天地变化之规律,治国安邦之良策,行军打仗之谋略,优游于世之方法,与人相处之法则,个人独处或静处之准则,以及探知万物规律之捷径。老子讲究平衡,认为物极必反,正反相依相化,他要求人们"赤条条来、赤条条去",以"得虚、得无、得静"为乐,以"柔弱、无争、无私"为方,恬淡虚无,一无牵挂,以便在凶险的世道中安然无恙地度过平静无痕之一生。

至于如何具体界定这个"道",老子也未对之直接下定义,而只是描述这个"道"并非寻常之"道路",它乃天地万物之本源,在人类无法感觉的前提下去接触它时,它是"无",在人类能够感觉它时,它是"有"。它很玄妙,你若是弄懂了,便可知晓万事万物之规律。

原文

道可道,非常道①;名可名,非常名②。

1

无,名天地之始^③;有,名万物之母^④。

故常无,欲以观其妙^⑤;常有,欲以观其徼^⑥。此两者同出而异名,同谓之玄^⑦;玄之又玄,众妙之门^⑧。

注释

①道:道家思想;可道:可以解说;常道:普通的路(或曰普通的思想)。

②名:名称;可名:可以命名;常名:普通的概念。

③无:道未显现具体形象时的名称;名:叫作,可谓是。

④有:道显现为具体形象时的名称。

⑤常无:时时从无的角度;妙:神妙。

⑥常有:时时从有的角度;徼:音 jiào,最初的模型。

⑦同出:同一个出处;玄:玄妙,奇妙。

⑧玄之又玄:众多的奇妙之中最为奇妙的;众妙之门:众多奇妙的源头。

译文

道可以被解说,但它并不是普通的路;它可以被安上某个名称,但它不是普通的概念。

道有时不显现形象,此刻,它尚且处于开天辟地之初始阶段;有时显现出形象,此时,它开始衍生万物。

所以我们时常从无的角度去理解道,其目的是去体悟道的奇妙莫测;时常从有的角度去理解道,其目的是观测道衍生万物的最初模型。

"无"和"有"这两种形态都出自道,只不过在名称上有所不同而已。但不管是"无"还是"有",都非常玄妙。道真的奇妙啊,真的奇妙！它是所有奇妙现象和事物的源头。

【本章造物思想】

"道"乃天地之始源、万物生化之母亲。"道"是老子造物思想之核心概念。不管是宇宙之创造，还是万物之产生，抑或是人类之造物，皆须以"道"为宗旨，在学道与悟道中掌握"造物之道"。"道"是整个宇宙和天地万物之"造物主"，但它与"天主""上帝""真主"等某些宗教所宣扬的造物主不一样，"道"既没有神性，也没有人性，它只有自然性。它没有像人一样的原型实体，它有时候显现为"无"，有时候显现为"有"。换言之，"道"呈现为"无"与"有"两种形态，因此在造物之时，我们既应从"无"的角度去理解造物之奇妙，以及所造之物的玄妙功能，也应从"有"的角度去理解造物所需材料以及所造之物的外形。在"无"和"有"的共同作用下，造物可以变得"玄之又玄"，妙之又妙。比如去掉一些"有"（原材料），便能增加一些"无"，亦即增加其空间与功能；而在"无"中增加一点物质（原材料），便多了一些"有"，从而丰富其外形。因此，造物时应巧妙处理二者之间的关系，以求达到"无"与"有"的最佳平衡状态。

比如说要建造一座房子，造房子的人先要在脑子里存有"道"，即关于这座房子的理念，此时之"道"已经是理念了，所以它就不再是通常所说的"道路"之"道"了；这就叫"道可道，非常道"。而造房子的人要造出一座房子来的话，他首先要先给这座房子命个名，或者叫它四合院，或者叫它四层楼，或者叫它吊脚楼，或者叫它围屋，等等，但这些具体类型的房子，已不是我们所说的某种房子之抽象名称，而是实实在在的可以住进去的房子；这就叫"名可名，非常名"（"常名"即指通常所指的抽象的名称或概念）。

又如造物主欲建造天地之时，他面对的是宇宙间空荡荡的

"无",此时,他必须依靠自己的理念和外在的物质(比如"气")建造出天地来;于是,他动了心思,有了理念,此时的他便是"天地万物之母";这就叫"无,名天地之始;有,名万物之母"。所以,作为造物主,他面对的多是什么都没有的"无",而我们也能从中发现世界之奇妙,原来它是造物主借助于"气"(天地万物之质料)而建造出来的;这就叫"故常无,欲以观其妙"。而造物主由于脑子里先有了建造各种天体与物体(含生物)之理念,故而能够依照理念去造出天地万物来;这就叫"常有,欲以观其徼"("徼"即指最初的模型,而令人惊异的是,这最初的模型竟然是造物主脑子里生发出来的理念)。不管是宇宙间最初形态的空荡荡的"无",还是后来琳琅满目的蕴含天地万物之"有",它们都是宇宙不同时期的名称,是用来称呼宇宙的,"无中生有"本来就很玄妙,而"有再生有"(即天地万物又会不断地生出新的生命和物种来)就更奇妙;这就叫作"此两者同出而异名,同谓之玄;玄之又玄"。而"众妙之门"在哪里呢?就在于有了造物主,以及他可以利用的"气"。由此可见,要想造物,必须满足两个基本条件,那就是造物主和原材料。有了这两个条件,造物主便能运用他的理念,造出各种各样的物来。比如用木头可以造出卧具(比如床),造出坐具(比如凳子),造出各种交通工具(比如车子),造出各种炊具(比如甑),甚至造出丧葬用具(比如棺材)来。但木头仅对于造物者(比如木匠)而言是有用的,对于并非造物者的其他人而言,那些原材料仅仅是木头而已,因此,若要比较造物主和原材料之间孰轻孰重的话,造物主更为重要。

【章旨串讲】平衡得静，治国须静

老子讲求平衡，讲求静。在他看来，整个宇宙是无中生有的，如果用数学符号"0"来表示的话，那么，任何事物的产生（假设是"+1"），便伴随着与其截然相反的事物之诞生（假设是"-1"），这样一来，它们加起来还是"0"。而且，在任何事物或现象之内部也是如此，都表现为类似于"+1"和"-1"的东西相伴而生。

依此类推，老子认为人类的各种概念判断，比如美与恶（即丑）、善与不善等都是相伴而生的；各种同类事物或现象之间也是相伴而生的，比如"有无相生，难易相成，长短相形，高下相盈，音声相和，前后相随"等。

既然一切造作的最后结果都是静，一切都是宇宙早已安排好的平衡，那么人类就没有必要劳心劳力，包括"治国之圣人"也应如此，即应"处无为之事，行不言之教"。因为圣人无为，则百姓可以有为；百姓安居乐业，反而能使天下太平之治国目的如愿以偿，这便是"无为而功成"。到后来，汉代黄老思想把它解说为"无为而无不为"，其意旨也差不多。

原文

天下皆知美之为美，斯恶矣①；皆知善之为善，斯不善矣②。

故有无相生，难易相成，长短相形，高下相盈，音声相和，前后

5

相随,恒也③。

是以圣人处无为之事,行不言之教,万物作而弗始,生而弗有,为而弗恃,功成而弗居。夫唯弗居,是以不去④。

注释

①美之为美:美的东西是美的;斯恶矣:这时便也有了丑的观念。

②善之为善:善的东西是善的;斯不善矣:这时便也有了不善(恶)的观念。

③有无相生:有和无相互生成;难易相成:难和易相互成就;长短相形:长和短相互辨出形体;高下相盈:高和低相互依靠;音声相和:外物产生的声音和人的声音相互应和;前后相随:前和后相互追随;恒:永恒的规律。

④处无为之事:以无为的态度来处事;行不言之教:以不言来施行教化;万物作而弗始:万物刚兴发而不会开始就来控制它们;生而弗有:万物生长而不占为己有;为而弗恃:有所作为而不恃功自傲;功成而弗居:大功告成而不自以为是;夫:句首发语词,无义;唯:正因为;是以:因此;不去:不会离去。

译文

当天下人都知道什么是美的时候,也便有了丑的观念;都知道什么是善的时候,也便有了恶的观念。

所以,一切观念都是相伴而生的,比如有和无,难和易,长和短,高和低,音(有节律的声)和声,前和后,等等,都是如此,而这即为恒常不变的规律。

因此,悟道之圣人知道一切都是由道自然而然地无中生有,其结果都是静,人的任何干涉都是枉然,他便欣然实行无为而治,而且不施行任何教化,亦即让万物任其兴发、生长、有所作为、大功告成而不加任何干涉。正因为不加干涉,所以其功劳永远都不会失去。

【本章造物思想】

既然整个宇宙都是由"道"创造的,而"道"的规律是"无中生有,由动至静",那么,遵循"道"来造物便是自然而然的,天地能造出各种生物便是顺其自然的,而人在创造各种器物之际也应顺应自然;我们不能人为地规定出一个美的概念来,然后相应地规定出一个丑的概念来,不能根据个人的喜好而去规定大自然的美丑;我们应明白"美在自然",合乎自然的东西都是美的,不合乎自然的东西便是丑的。但是,人类离开大自然已经很久了,人类活在自我构织的幻象中已经很久了,人类依据自我幻象中的美丑观而改变着自然面貌也很久了,人类造出各种自我陶醉的审美物件也很久了;现在到了该返璞归真、回归自然的时候了,人类再也不能胡作非为地造出各种奇形怪状的、难以降解的、有毒有害的东西来了,不能让大自然一直默默地承受着各种造物的灾难了。因为大自然一旦承受不了了,人类遭受的报应也就此降临。因此,人类造物须谨慎,切莫违背自然规律!我们要像古代圣人那样,"处无为之事,行不言之教,万物作而弗始,生而弗有"——圣人无为而治,行不言之教,他在万物兴发的时候不会主动来诱导,在万物生长的时候不会主动去干涉,而是任其自生自灭。

这里讲的造物者有三种。第一种是造物主(宇宙万物的创造者),第二种是普通的造物者,第三种是懂造物之术却不轻易造物的圣人。其中,造物主是依据规律(即道)来造物的,而万物被创造出来以后,便在规律中运行着,所以便有了"有无相生,难易相成,长短相形,高下相盈,音声相和,前后相随"。比如一株禾苗成熟了,谷穗收割好了,农民若要收获更多的粮食,就会拿出小部分谷子来作稻种,让它们在温暖潮湿的环境下生根、发芽、抽穗,到那时,那粒谷子没了,但它却长出新的禾苗来,这便叫作"有无相生";而秧芽要冲破坚硬的谷壳,在最初它是艰难的,可一旦冲破了谷壳,就能很舒服地在湿软的泥土中苗壮生长、分蘖,这便叫作"难易相成";后来,一簇禾苗生长在一起,为了争取阳光,有的长得高一点,有的长得矮一点,它们吸收不同层次的阳光,这便叫作"长短相形";可以想象,这一簇禾苗只要水肥充足,便能变得谷穗饱满,这便叫作"高下相盈";当微风吹来之际,禾苗发出"刷刷"的音,整片稻田里则夹杂着青蛙的鸣叫、农民的欢笑,这便叫作"音声相和";新熟的谷子被收割了,粮仓里的陈谷子就得被清理掉,以便留下空位给新熟的谷子,这便叫作"前后相随"。不光谷子的生长规律如此,天地间所有的物种都如此,因为造物主依据"道"来创造万物的规律就是如此,而规律是永恒的,这就叫作"恒也"。

第二种是普通的造物者(就是我们普通人),我们很少依据"道"来客观地、不夹杂私人喜好地造物,我们往往依据人为的"美"和"善"的标准来造物,因此,我们造出的往往是自认为美的东西或者自认为善的东西,比如我们对植物的修剪总是依据自认为的美的标准,把植物弄得遍体鳞伤,而我们却美其名曰"园艺",对此,老子很是生气。他说:"天下皆知美之为美,斯恶矣。"在老子看来,这种依据心中美的标准来伤害植物的行为是丑恶的。因此,由于普通人不按"道"来造物,而只按心中"美"与"善"的个人喜好来造物,故而容易胡乱造物,以至于破坏自然环境和社会安宁。

第三种是圣人,由于圣人能够悟道,所以他会依据"道"的规律来引导造物活动,所以他会让"万物作而弗始,生而弗有",他帮助万物"为而弗恃,功成而弗居"。他虽然不创造万物,但却让万物依

"道"而生，依"道"而长，依"道"而亡。从另一个角度来讲，他是一位不创造万物的造物者，是维护万物自然生长及其生存环境的人，是"万类霜天竞自由"之美好境界的创造者。

三 章

【章旨串讲】圣人教民，无知无欲

老子认为，"治国之圣人"（即君主）的爱好可谓一个国家的民众欲求与行动之最重要的风向标，它可使全国上下皆如大风吹过的小草，风往哪里吹，小草便往哪里倒。（孔子亦云："君子之德风，小人之德草。草之上风，必偃。"）

"治国之圣人"若是尚贤，则全国民众争做贤人；若是喜爱珍宝或者各种能满足欲望的财货，则全国民众争着去偷抢这些东西来诏媚于他；这便使得民心混乱不堪，国家不再安宁。

因此，"治国之圣人"若是真想治理好一个国家的话，他就必须引导民众"虚静无贪，朴实厚道"，让民众为实现"生活温饱，身强体健"之主要生存目标而心无旁骛地活着。

老子的这一思想可归结为一句话，那就是让民众"无知无欲"，那样一来，即便是有个别智巧奸猾之人出现，他也不敢冒天下之大不韪而展露"治国之圣人"所不喜欢的东西。这样一来，世道便太平了，再也不会有作奸犯科之人出现了。

这便叫作"为无为，则无不治"！

原文

不尚贤，使民不争①；不贵难得之货，使民不为盗②；不见可欲，使民心不乱③。

是以圣人之治也,虚其心,实其腹,弱其志,强其骨④;常使民无知无欲,使夫智者不敢为也⑤。

为无为,则无不治矣⑥。

注释

①不尚贤:不崇尚贤能之人。

②贵:以……为贵;货:财货,财物;为盗:去做盗贼。

③不见:不显现;可欲:可以满足自己喜好和欲求的东西。

④虚其心:使其内心无欲无求;实其腹:使其肚子填饱;弱其志:使其志向弱化;强其骨:使其骨骼强健。

⑤智者:智巧奸猾之人;不敢为:不敢胡作非为。

⑥为无为:以无为之道来作为;治:治理得好。

译文

圣人治国之际,不崇尚贤能之人,这便使得民众不再争权夺利;圣人不以难得的东西为贵,这便使得民众不会偷盗那些难得的东西;圣人不显现自己之喜好与欲求,这便使得民心不会乱。

因此,圣人在治国之际,总是力求让民众心无所求,但生活却能得到温饱,且各种欲望和志向渐趋弱化,身体亦能强壮起来;圣人总是让民众不知道如何享乐,让民众没有多余的欲望,从而使得那些智巧奸猾之人不敢胡作非为。

总之,以无为之道治国,就没有不太平之后果出现。

【本章造物思想】

"不贵难得之货,使民不为盗",由于君主的爱好是民众的欲求和行动中最重要的风向标,因此,君主应该控制住自己的欲求,不能有任何奢侈和浮华的追求,尤其是不能以难得的东西为贵,因为这些东西或许是埋藏在古墓里的珍宝古玩,一些民众会为了谄媚君主而盗墓。试想一下,那些东西虽是能工巧匠精心制作出来的,却被怀有歹念之人整日惦记着,那些歹人总是想方设法去偷盗"难得之货"以献给君主。而民众偷盗之风兴起,会引发整个国家的人心变坏,从而使得国家非常难以治理。同时,若君主喜爱"难得之货",民众就会跟风,也喜爱"难得之货",但很多民众由于手头上既没有"难得之货",也不懂如何制作"难得之货",他们便会想方设法以偷盗之手段从别人那里(或别的地方)获取"难得之货",以满足自己的奢侈和浮华之追求,这样一来,民心便乱套了,民心不再纯朴,社会也变得难以治理。有鉴于此,君主千万不能"贵难得之货",而应"为无为",以使天下大治。因此,在造物思想方面,老子主张"不贵难得之货",他教导人们不要去追求那些费时费力且耗费大量资源的"难得之货",也不应制作那些"难得之货",仅生产或制造出一些可以"虚其心,实其腹,弱其志,强其骨"的东西便足矣。由此可见,老子的造物原则是"不贵难得之货",亦即能满足最低生活需求就可以了。

对于造物和造物者的管理,也是圣人的一项重要的造物理念。在此,悟道之圣人所采取的办法应是"不尚贤,使民不争;不贵难得之货,使民不为盗;不见可欲,使民心不乱"。一方面,圣人不应崇尚那些在造物方面有贤能之才的人,因为一旦崇尚那些人,他们就会大量造物,使得民众为了获得那些华美的、自认为有用的物品而你争我夺;另一方面,圣人自己也不应以难得之物为贵,因为有些人是狡诈的献媚者,一旦圣人喜欢那些难得之物的话,那些献媚者就会采取各种手段(甚至是为盗)来获取难得之物,以便向圣人献媚,那样一来,天下就成了昏君和献媚者的贪欲场了;另外,圣人也不应轻易展现出什么东西能让自己满足的迹象,从而使得献媚者无从下手,民心也就不会混乱了。

而且,圣人对于普通的造物者之管理也是小心翼翼的,他让普通的造物者"虚其心,实其腹,弱其志,强其骨",让他们心里没有"造出满足贪欲之物"的歪念,让他们胡乱造物之志渐弱下来,让他们有更多的时间去填饱肚子、强身健体;让他们在造物冲动即将萌生之前保持着"无知无欲"的状态,让那些已经萌生了造物冲动的智者"不敢为也",只有这样,才不会让天地间因为人类的胡乱造物冲动而被造出许许多多满足人类欲望的(但对大自然却是有害的)物来。在此,圣人似乎是大自然的代言人,虽然大自然不会说话,但圣人却听得懂大自然的心声,所以圣人会管好民众,不让民众因胡乱造物而破坏大自然。

正因为圣人在造物冲动面前不胡乱作为,所以他的率先垂范起到了震慑作用,使得那些愚昧的民众和狡诈的智者不敢轻举妄动,不敢胡乱造物,从而保护了大自然,延续了人类生存环境的美好境况。

四
章

【章旨串讲】道非实体，而是规律

老子的"道"并非一种实体（因为实体通常具有诸如形、色、味、热度之类的人体器官可感觉的元素），它是人类看不见、摸不着的宇宙本源和万事万物变化发展之根本规律。

虽然"道"看不见、摸不着，但其作用却永恒存在着。它创造了天地万物，主宰着天地万物的变化和发展。

"道"像是围棋以及下围棋的规则，万事万物便是其中的一枚枚棋子，每一枚棋子的生死规则和走法都是由"道"事先拟定好的，不能更改的。每一枚棋子怎么走，会活多久，活得怎么样，都是由棋法所规定的，因此，每一枚棋子的生存和发展之关键在于它能否适应棋法。以此类推，每个人的生存和发展之关键也在于他能否发现与适应宇宙规律和人类生存发展之规律，只有发现与适应这些规律（它们可统称为"道"），才能生存和发展得更好！

原文

道冲，而用之或不盈①。

渊兮②！似万物之宗③。挫其锐，解其纷，和其光，同其尘④。湛兮⑤！似或存。

吾不知谁之子，象帝之先⑥。

注释

①冲:空虚;而:然而;或:或许;不盈:不满,不尽。

②渊:深。

③宗:宗主,祖宗。

④挫其锐:挫掉欲念的锋芒;解其纷:消解欲念的纷扰;和其光:调和欲念的光芒;同其尘:混同欲念的尘埃。

⑤湛:深。

⑥先:祖先。

译文

道看起来像是空虚的,但其作用却无穷无尽。

道深不可测,像是万物的祖宗。它不露锋芒,解脱纷扰,调和辉光,混同尘埃。它隐藏无形,若有若无。

我不知道它是由谁诞生的,它像是天帝的祖先。

【本章造物思想】

主宰宇宙间所有造物的"道"看起来像是空虚的,但其作用却无穷无尽,因此,造物之"道"并非一种实体,而是一种有用的理念。有了这种理念,任何造物都能实现。因为在造物之际,这种理念能够去掉那些不合实际的思想锋芒,能够解除各种杂念的纷扰,能把各种灵感的光辉调和并组合起来,使其成为一种全面而周到的理念。有了这种理念,方能"同其尘",亦即接通地气,使造物有了完全付诸现实的可能。因此,在造物的基本要求中,最重要的并非你掌握了多少技法与技能,而在于你能否掌握最佳的造物理念,如果掌握了这种理念,也就掌握了造物之"道",便能造出任何有用的、与现实相适宜的物品。

老子对"创造万物的道"的描述就是一个字:冲(即空)。"道"里面什么都没有,那它怎么能造出万物来?原来"道"是一种理念,依凭这种理念,它便可利用"气"来造万物,因此,你可以说万物是由"气"变成的,也可以说万物是"气"遵循着"道"的理念而变成的,从这个角度来说,"道"创造万物也是说得通的。故而可以说,在"气"变成万物的过程中,"道"的理念是一直使用着的,这就叫作"而用之或不盈",亦即它的作用是无穷无尽的,而非造了某一物以后,"道"就被用完了,而是说任何一物在生成的时候,都是"道"的理念在起着引领的作用。如果用两个字来形容"道"的这种无穷无尽的作用,那便是"渊兮"(或曰"湛兮"),它的作用是深不见底的啊!但不管在任何时候,"道"都隐藏着自己,它"挫其锐,解其纷,和其光,同其尘",它没有尖锐的地方,没有纷纷扰扰,没有单色的光芒,没有杂质,它不会那么轻易就被人发现,如果谁发现了它,谁就有可能成为圣人。

在老子看来,"道"不知道是由什么东西生出来的,或者说是由谁创造出来的,他只知道,"道"是天帝的祖先(这里的天帝代指"天地万物的造物主"),也就是说,不管是由谁造出天地万物来,"道"都是那造物主的祖先。

【章旨串讲】天地无私，圣人不仁

天地遵循"道"的规律而运行，天地对待万事万物没有任何偏私，它让万事万物自生自灭。以此类推，"治国之圣人"（即君主）如果遵循"道"的规律治国，那就应该让百姓"自生自灭"，不能偏私其中的某些人，亦即应一视同仁地不干预任何人的生活。

既然天地遵循"道"的规律而运行，那么天地之间就好比一个大风箱，因为"道"存在于天地之中，所以天地虽然看似空洞虚无，但却包含着无穷无尽的生机（因为只要风箱一拉动，风就呼呼而生；同理，只要"道"在运行着，宇宙便生生不息）。

因为百姓也遵循"道"的规律而生存，所以"治国之圣人"就不应代替"道"来管理百姓。他只须虚静无为，即可令天下大治；如果强行干预百姓生活，那将使得政令不通、天下大乱。

由此可见，老子喜谈天地之无及君主之无为，其目的是阐发"道"乃万事万物的主宰之理，他劝导人类不要跟"道"去一较高下，不要去争夺"万事万物主宰"之地位，毕竟人类只是万事万物中的一分子，人类应该听从"道"的话，做到虚静（静下心来，聆听"道"的真言）、无为（不胡作非为，一举一动都听从"道"的话）、无欲（因为贪的越多，失去的健康、人格、道德、友谊、爱情、亲情、尊严、仁慈也就越多）、无私（对待万物不要有任何私心，因为人类不是万物之主宰，唯一的主宰便是"道"）、柔弱（莫要逞强，因为得到的越多，失去的也就越多)、不争(人类越是不争,得到的健康、人格、道德、友谊、爱情、亲情、尊严、仁慈便会越多)。

原文

天地不仁,以万物为刍狗;圣人不仁,以百姓为刍狗①。

天地之间,其犹橐籥乎②!虚而不屈,动而愈出③。

多言数穷,不如守中④。

注释

①不仁:没有仁爱偏私;刍狗:古代祭祀用的草扎的狗。

②其:副词,或许;橐籥:音 tuó yuè,风箱。

③虚:虚空;屈:竭,穷尽;动:发动;愈:更加;出:出现。

④言:说,发号施令;数:通"速",越加;穷:穷困潦倒;中:虚静无欲的内心。

译文

天地没有仁爱偏私,它任凭万物自生自灭;治国之圣人对百姓也没有仁爱偏私,他任凭百姓自由自主地生养休息,而不加任何干涉。

天地之间就像一个大风箱,看起来像是虚空的,却永不穷竭;它越是发动起来,就越加生生不息。

因此,政令越是繁多,就越加使百姓穷困潦倒,倒不如守着虚静无为之治国理念为妙。

【本章造物思想】

"天地不仁,以万物为刍狗",天地没有仁爱偏私,它任凭万物自生自灭,这便是"道法自然"之表现。"天地之间,其犹橐籥乎!虚而不屈,动而愈出。"天地之间,万物被创造出来,就像是风箱被拉动一样;天地之间看似是虚空的,但只要它不停地运动着,被造出的万物也就越多。这便告诉人们,万物被创造的规则即是"宇宙运动是万物被创造出来之动力,只要宇宙运动得越多,被造出的万物也就越多"。这和宇宙大爆炸理论所描述的颇为契合。该理论认为,宇宙是由 137 亿年前的一次大爆炸而形成的,宇宙正在加速膨胀。

老子对天地间造物的假设,有助于提升我们的造物观,也就是说,想要造物,就必须抛弃各种杂念,在虚静的心境下不停地发动想象力、思考力与推理能力,以使各种造物观念能够蹦出来,然后再将之付诸实施,这样便能造出你所想要的物来。

在前面几章中,我们已经知晓,在老子的观念中,"道"和"百姓"都是造物者,而天地和圣人都不是造物者,他们只是造出来的万物之守护者。既然是守护者,那就必须遵循守护者的规矩,这个规矩就是"不仁",亦即没有带偏私性的仁爱,对万物和百姓都一视同仁,就像是对待没有生命的草扎成的狗一样,这便叫作"天地不仁,以万物为刍狗;圣人不仁,以百姓为刍狗"。但即便如此,万物并没有因此而减少,反倒是"天地之间,其犹橐籥乎! 虚而不屈,动而愈出",越是不干涉它们,它们越是更多地生发出来。而作为圣人,他也明白这个道理,他对百姓也是采取"不仁"之态度的,因为他清楚地知道"多言数穷",越是发号施令,就越加会导致百姓的创造力穷竭,因此,还不如守住内心的虚空为妙。故而作为造物者的管理者,应该向天地和圣人学习,对造物者的那些造物不闻不问,不做任何干涉,如此方为妙策。

【章旨串讲】道是无中生有的

"道"有时感觉起来像是"无",像空谷一样的"无";有时感觉起来像是"有",是一种神妙的"有",是能生育万物的"有"。

"道"自始至终一直存在着,它的作用是无穷无尽的。

老子讲"道",有时论及其"静"的状态(此时,"道"变成了"无"),有时论及其"动"的状态(此时,"道"变成了"有"),而"无"和"有"都是"道"显现出来的具体状态。"道"究竟是"无"还是"有",这取决于我们从哪个角度去理解:如果是从人类能感知的角度去理解,由于"道"很难为我们的感官所感知,因此它似乎是"无";如果是从创造宇宙、生养万物的角度去理解,"道"似乎是"有",是绵绵不绝、生生不息的"有"。

由此可见,老子看待世界和宇宙,不是从"1"出发去理解的,而是从"0"出发去理解的。老子的"道"像是一个"圆"(即"物极必反"的数学上的"圆"),万物从始点出发(这始点相当于宇宙大爆炸理论中的"奇点";这始点此时可曰"生",或曰"有"),最后又回到始点(这时候回到的点可曰"死",或曰"无");同样是这个始点,一开始呈现为"有"的状态,最终却呈现为"无"的状态,因此,这个始点既是"有",又是"无"。

如果从最终结果去观察,它就是一个"0";而若从"圆"上某一点去观察的话,它不断地运动变化,像是一个"+1",可是,它的每一次运动变化都形成一个切角（这个切角不断积累，最终变成"−1"，这个"−1"相当于导致它死亡或毁灭的力量），最终"+1"与"−1"相互抵消，变成"0"，这便是老子理解世界和宇宙的独特思维方式，即"无中生有"。

原文

谷神不死，是谓玄牝^①。玄牝之门，是谓天地根^②。绵绵若存，用之不勤^③。

注释

①谷：空谷；神：神奇的；是：这；谓：叫作；玄牝：玄妙的母体。

②门：生育之门；根：根源。

③绵绵：连绵不绝；若存：像是存在着；用：作用；之：句中语气词，无义；勤：尽。

译文

像空谷一样神奇的道是永不停歇的，它就像是玄妙的母体；而这母体的生育之门，则像是天地之根源。道绵绵不绝，若存若亡，但其作用却无穷无尽。

【本章造物思想】

"谷神不死，是谓玄牝。玄牝之门，是谓天地根。"宇宙之造物，源自"有道"，"道"虽然像空谷一样，什么都没有，但它却非常神奇，它永不停歇，能造出天地和万物来，直至今日，它还是那样"绵绵若存"，其作用仍然无穷无尽。

在此，老子把造出天地万物的"道"比喻为一个母体，这个母体具有三大特征:像空谷一样的(谷),像神一样的(神),永不枯竭的(不死)。这个母体也长有生殖器,那便是"玄牝之门",它不断地生出天地万物来,所以可以把它叫作"天地根"(天地的根源),它绵绵不绝地生育着天地万物,它的生殖作用是用之不尽的。

【章旨串讲】圣人无私

在老子的"道"中,天地是"道"生养万物的广大场所,"道"所生养出来的万物都生活于天地之中。(在《老子》第五章里,也出现过意旨相近的话:"天地之间,其犹橐籥乎! 虚而不屈,动而愈出。")天地不是为了自身的生存发展而存在,而是为了给"道"提供生养万物的场所,由于"道"生养万物的功能是绵绵不绝的,因此天地也能长久地存在着。

"治国之圣人"(即君主)应该向"道"学习,为广大百姓提供一个可以自由生存的国度;同时,君主也应无私,不去干扰百姓的生存。这样一来,国家便可安然无恙,也就没有百姓会去破坏它、推翻它,甚至有时百姓都感知不到君主和国家的存在,长此以往,反而能够使得国家长久存在,此时,君主便可实现他所期盼的"天下大治"之美好希望。

由此可见,老子洞察到:国家不是君主生养私心之地;君主只是一位旁观者,主角应该是安居乐业的百姓;作为旁观者,君主是不能进入"戏"中去干预百姓上演"生活之戏"的。所以,"治国之圣人"既不能扮演智者、善人,也不能扮演恶棍、暴君,而只能做一位安安静静的旁观者,任由百姓把自己的"生活之戏"演完。(在《老子》第五章里,也出现过意旨相近的话:"圣人不仁,以百姓为刍狗。")

原文

天长地久①。

天地所以能长久者,以其不自生,故能长生②。

是以圣人后其身而身先,外其身而身存③。非以其无私邪④?故能成其私⑤。

注释

①天长地久:天地长久地存在着。

②以:因为;其:它;不自生:不为自己而生存着。

③是以:因此;后其身而身先:把自身放在后面却能位居他人之先;外其身而身存:把自身安危放在考虑之外却得以保全自身。

④非:难道不;以:因为;邪:表疑问的语气词,同"耶",相当于"吗"的意思。

⑤成其私:成就他个人的声名。

译文

天地能够长久存在。

天地之所以能够长久存在,就是因为它不为自己而生存,所以能够长久存在。

因此,治国之圣人也像天地一样(不为自己而活着),把自身利益置于百姓之后,却能够成为百姓之首领;把自身私利置之度外,却得以保全自身。这难道不是因为他无私吗?所以才能成就其个人之声名。

【本章造物思想】

天地不是造物主，它只是万物的看管者，它没有任何私心，所以它能够长生不死。以此类推，"治国之圣人"也非造物者，而是百姓的看管者，他也没有任何私心，所以能够保全自身，成就名声。

"治国之圣人"由于能够向天地学习，他自己不造物，也不干涉百姓造物，故而能成就伟大的造物管理者之声名，并能使得国家长久存在着。因此，在现实生活中，那些造物企业、工艺品设计公司、艺术设计公司、创意公司的管理者也应像圣人一样，不去过多干涉公司职员的造物活动和造物思想，任由他们自由发挥造物能力，只有这样，公司才能长久生存，并保持旺盛的创造力。

【章旨串讲】上善若水

儒、道、佛三家皆喜"以水说理"。儒家圣人孔子喜欢比德于水,亦即用水来比喻君子应有的道德修养。他要求君子像水一样无私、仁爱、正义、智慧、勇敢、明察(秋毫)、包容、教化(他人)、公平、节制、(信念)坚定,所以,一旦碰到大江大河,孔子必定驻足观看,以求在直观审视中增进道德修养。

佛家喜欢用水来比喻心境,它要求信仰者遇到外界干扰时,应"心如止水",让心平静、清净,没有杂念。要是心有杂念的话,那就跑到幽静的小潭边去静坐吧!慢慢地,内心就会平静下来、清净起来,杂念也便荡然无存。

而道家圣人老子是主静、主柔之人,他自然不会放过"水"这种最佳的比喻说理之物。他提出"上善若水"的观念:具有最高、最好(即上善)品德的人,应该像什么呢?像水。

那么,上善之人应具有水的哪些品德?答曰:"利而不争"。亦即像水一样,成就万物之生机,帮助万物清洗污浊,滋润万物使其生机勃勃,但却从不与万物争高下、争好处、争得失、争名声。

水就是这么一种神圣的物质,它虽帮助万物,却从不与万物相争。这么一种神圣的物质,便是老子用来教导"治国之圣人"(即君主)的最佳"养德之物,行为典范"。因此,老子教导君主应"安心处于卑下的地位(相当于现今所说的人民公仆,亦即做公仆),虚静而无私欲,待人友好诚信,恪守无为而治之道"。

故此可知,水就是这么伟大,它"利而不争";向水学习的君主就是这么棒,他"几道无尤"(接近于道,没有过失)。

原文

上善若水①。

水善利万物而不争,处众人之所恶,故几于道②。

居善地,心善渊,与善仁,言善信,政善治,事善能,动善时③。

夫唯不争,故无尤④。

注释

①上善若水:最好的品德就像水一样。

②善:善于;利:帮助;恶:厌恶;几:接近。

③居善地:居住时善于选择地点;心善渊:内心善于像深渊一样沉静无欲;与善仁:与人交往时善于讲仁爱;言善信:说话时善于讲信用;政善治:施政时善于治理;事善能:做事时善于发挥所长;动善时:行动的时候善于把握时机。

④夫:句首语气词,无义;唯:因为;尤:过失。

译文

最好的品德就像水一样。

水善于助利万物却不与之相争,处于众人都不喜欢的低洼之地,所以最接近道。

治国之圣人也应像水一样,善居于低位,心像深渊一样沉静无欲,待人有仁爱,说话讲信用,为政时善于治理,做事时善于发挥所长,行动之际能把握时机。

正因为圣人不与人相争,所以圣人没有过失。

【本章造物思想】

"上善若水。水善利万物而不争……夫唯不争,故无尤。"最美好的品德就像水一样,善利万物而不争,故而没有过失。作为造物者,从中可以悟到一些造物方略,那就是你的造物理念一定要顺物之自然,尽量不去破坏物的自然习性及其外貌,尽量物尽其材,不去过多地砍削或者破坏其物理品性和化学属性,并在造物活动中把握时机(即"动善时"),以求完成造物事业(即"事善能"),只有这样,造物方能"无尤"(没有过失);倘若破坏了物之习性,扭曲了自然,所造之物要么是暴殄天物的,要么是丑陋不堪的,这些举动都是"有尤"(有过失)的。

在天地万物中,水虽不能创造生物,却能善待生物,这就叫"上善若水"。它让生物干干净净地喝进它,也让生物把脏东西排泄出来,帮助生物新陈代谢。它最接近于得"道"之境界,"善利万物而不争,处众人之所恶,故几于道"。

如果我们要像圣人一样向水学习的话,那就应该像水一样"居善地,心善渊",亦即让心处于善良的渊静之地,做一个"与善仁"(即与人为善)之人,说话的时候"言善信"(即说话讲信用),做事的时候"事善能"(即做事的时候善于发挥所能,从而把事情办成),为政的时候"政善治"(即善于治理国家或民众),行动的时候"动善时"(即善于把握时机)。如果能做到这些,那就很像圣人,也很像水了。

因此,在与造物者相处的时候,切忌与他们相争(争名争利),只有这样,才不会影响他们,从而让自己没有过失(即"无尤")。总之,对待造物者,最明智的管理者应该与之无争,从而使自己避免产生过失。

九章

【章旨串讲】莫要逞强

在老子看来，世事难料，人生没有静止不变的阶段，一旦你得到了某些东西（诸如才、财、功劳之类的），千万不要显摆，不要逞强。

比如你有了才，不要显摆，不要在人前逞强。如果你锋芒毕露，恃才自傲，就极有可能折戟沉沙、遍体鳞伤。这是为何呢？一是招惹忌恨；二是容易得意忘形，忘乎所以；三是贪求名利，无法自拔。所以一旦有了才，切忌显摆，莫要逞强。

又如你有了财，金玉满堂，也不要显摆，不要在人前骄横。如果你恃财自傲，就有可能财亡人殃。这是为何呢？一是招人惦记，别人会算计你的钱财；二是容易挥霍无度；三是极有可能不停地贪求钱财，以至于变成守财奴。所以有了财，切忌显摆，莫要逞强。

再如你有了功劳，即便是立了大功，也不要显摆，不要在人前宣扬。如果你恃功自傲，就很有可能会危及统治者或者上层领导的颜面与地位，同僚也可能会忌恨你，这样一来，你可能会遭殃。那么，怎么办？赶紧"功成身退"吧！在立了功之后，赶快退下来，或者隐居起来，这样才能保全自己不至于遭殃。

总之，不管是有才，还是有财，抑或是有功，都不要显摆，不要逞强。因为这样除了容易招惹忌恨，还会让自己得意忘形，或是贪求无度，这些都不是什么好事情，都会招致极坏的结果。

另外,在主静的老子看来,有了这些东西(包括才、财、功劳等)之后,若未学会忘却的话,那就无法入静;而若无法入静的话,那就不能遵循"天道"(此处指守静之道),就要遭天谴,或者被他人灭掉!

总之,切记,切记:为人莫要逞强,逞强便会遭殃!

原文

持而盈之,不如其已①;揣而锐之,不可长保②。

金玉满堂,莫之能守③;富贵而骄,自遗其咎④。

功成身退,天之道也⑤。

注释

①持:持有;而:顺接连词,无义;盈之:使之充盈;已:停止。

②揣:捶打;锐之:使之尖锐;长保:长久地保全。

③莫之能守:莫能守之,没有人能够守得住它。

④而:转折连词,却;骄:骄横;遗:遗留;咎:灾祸。

⑤功成身退:功绩成就之后自身便退下来。

译文

拿来装东西的容器已经满了,就应赶快停下来;把自己打造得锋芒锐利了,便不能长久地保全自己。

如果各种奇珍稀宝满屋都是,那便没人能守得住;富贵而且骄横,那将自取灾祸。

功绩成就之后,赶快退下来,唯有如此,方才符合天道。

【 本章造物思想 】

"功成身退,天之道也。"为人处世,当你做出一番功绩之后,接下来应该怎么办? 老子奉劝你赶紧退下来,"功成身退",亦即顺应天道,而不居功自傲,否则将"不可长保",你的功绩将"莫之能守",你自己亦将"自遗其咎"。同理,作为造物者也应明白这一道理,不要觉得自己能造出一两样物品来就有啥了不起的,就居功自傲、自以为是,倘若那样的话,你的才华将不保,你的财富将守不住,你的灾祸亦将降临,因此,最理智的做法是在造物之后,忘却自己辉煌的过去,回到造物之前的平常状态中去,不要沾沾自喜,不要洋洋得意,不要以为自己是什么了不起的天才,不要祈求别人整日里崇拜你,如果那样的话,你的造物思想将停滞不前,你平和的造物心态将荡然无存,你将来再也造不出任何有创意的物来。

老子发现,很多自诩为智者的造物者总想把自己的造物才华升级到最高水平,即"持而盈之",但老子却奉劝这些人消停下来,即让他们"不如其已",因为这些人的造物活动会破坏大自然的平衡,会造出很多有害于大自然或人们恬静生活的东西来。而那些智者锋芒毕露地展现着造物才华(即"揣而锐之")的行为,也是有害于自身的(即"不可长保"),因为那些锋芒毕露的行为既会招来他人之嫉妒,也会导致自身的欲望膨胀,破坏身心之安宁。也有些智者因为有造物才华而"金玉满堂",但老子断言,这些人已经被物欲享乐侵蚀了理智,他们挥霍无度,因此,从长远的眼光来看,必然"莫之能守"。还有些智者因为显露了造物才华而大富大贵,骄横跋扈,但老子断言,这些人是在给自己挖下深坑、留下祸根,因为骄横跋扈的后果必然是得意忘形、四面树敌,既损坏人际关系,又伤害身心安宁,这就叫作"富贵而骄,自遗其咎"。由此可见,老子是不主张胡乱造物的,在他看来,能不造物的话就尽量不要去造物,能不当造物者的话就尽量不要去当造物者。要像圣人那样,他会造物但不去当造物者,他只当造物者的管理者(即为这些造物者安宁生活的守护者),他把这些造物者管理得井井有条,让他们恬淡安宁地过着简单快乐的生活,而一旦治理成功之后,他便赶紧退下来,因为作为圣人,他知晓"物极必反"的道理,亦即一个人的功绩到了顶点的话,若是自鸣得意、居功自傲,则必将走向骄横跋扈、自我毁灭之歧途。因此,在圣人的心中,他早已把"功成身退,天之道也"作为迈向事业顶峰的行动指南。

【章旨串讲】静以养生，无为知退

老子特别看重"静"，治身（即养生）要静，治国也要静。

在治身的时候，要让魂魄留于体内，莫让魂魄出窍，以至于胡思乱想；要像没有思想的婴儿，任凭"元气"自动而柔和地运行着，进而凝结成"精气"（因为神宁静，便能结精气；神动摇，便将精气耗散）；要清除杂念，直视内心，力保内心没有一丝杂念；要在感官洞开之际，亦能保持心神安宁；要在心智饱满之际，不动用一丝心智去思考外面的世界或俗世之事。总之，要静下心来，没有一丝念想，只有这样才能治好身，养好生。

在治国的时候，"治国之圣人"要静心无（私）欲，无为而治，有了功劳也不念念不忘，而应静下心来，忘却功劳，不居功自傲，不使唤百姓。只有懂得这个道理，方为真的得"道"，真的悟到"道"之真谛。

原文

载营魄抱一，能无离乎①？专气致柔②，能如婴儿乎？涤除玄鉴，能无疵乎③？爱民治国，能无为乎？天门开阖，能为雌乎④？明白四达，能无知乎⑤？

生之畜之，生而不有，为而不恃，长而不宰，是谓玄德⑥。

注释

①载:句首语气词,无义;营魄:魂魄;抱一:抱成一团。

②专:音 tuán,即"抟",转动。

③涤除玄鉴:本义为扫除覆盖在镜子上的灰,此处比喻为清除欲念的杂尘;疵:瑕疵。

④天门:此处指感官之门;开阖:开关,此处比喻为欲念的进出;为雌:本义为做一位雌性,此处比喻守住清静无欲的状态。

⑤明白四达:聪明才智足以通达四方;无知:不动用心智。

⑥生之畜之:生出它并畜养它;生而不有:生出它却不占有它;为而不恃:尽心尽力地帮助它,却不居功自傲;长而不宰:使之长成却不宰割它;玄德:自然无为的德性。

译文

让魂(精神)魄(肉体)合而为一,它们能够不分离吗?转动元气,使它处于非常柔和的状态,它能像婴儿那样吗?清除欲念的杂尘,能让心灵的明镜没有一点瑕疵吗?关爱民众,治理国家,能运用无为而治之理念吗?在感官的"天门"开与关的过程中,能守住清静吗?心智明白晓畅,足以通达四方,却能不动用心智去感受任何外界事物吗?

悟道之圣人在治国的时候,能够生养百姓,却不占有百姓;帮助百姓,却不居功自傲;统领百姓,却不宰割百姓。因此,治国之圣人已经具备自然无为的德性。

【本章造物思想】

"载营魄抱一,能无离乎?专气致柔,能如婴儿乎?涤除玄鉴,能无疵乎?……天门开阖,能为雌乎?明白四达,能无知乎?"宁静安详,无知无欲,这是治国之圣人应具备的心态,同理,造物者也应具备这一心态,方可造出顺其自然的物来。为什么这样说呢?因为造物者切不可怀有任何主观成见,也不能有任何私心杂念,而应本真地对待将造之物,将物之自然本性展现出来,以求造出最符合自然规律的物来。这才是最上等的造物心态。

因此,"专心致志,凝神贯气"不但是造物者应有之心态,同时也是造物者的管理者应有之心态。作为造物者,应该让精神和肉体合而为一(即"载营魄抱一,能无离"),让"元气"通行于体内(即"专气致柔,能如婴儿"),这样一来,可让精神闲静下来,让"元气"畅行无阻,达到最佳的造物状态;而作为造物者的管理者,也应以"无为之道"去爱国治民,以"守雌之道"去打开"元气"流通之"天门",以"无知之道"去禁锢自己的"明白四达",只有这样,才能专注于自身之修身,而不去干涉造物者的造物活动。因为治国之圣人只是管理者而非造物者,他最好的德行就是给造物者以生存的机会,使得造物者快乐生存却不占有他们的财富,尽力维护造物者宁静的生活却不居功自傲,成为造物者的统领却不主宰他们的命运,正所谓"生之畜之,生而不有,为而不恃,长而不宰,是谓玄德"。

十
一
章

【章旨串讲】 "有"造空间，"无"起作用

在老子看来，整个世界是各种相反相对的事物和现象之间的平衡。其中，"有"和"无"就是一对平衡。

因为"有"造出了"无"的空间（亦即在"有"创造的空间中，"无"正存在着），而"无"（指没有别的东西占领着，但可以随时被别的东西所占领）的存在则彰显了"有"的功能。

比如古代的马车轮子，如果没有三十根辐条，那车轮就会瘪，就滚动不起来；而如果没有中间那个毂的诸多孔窍，那么三十根辐条就没法凑在一起而成为车轮的支撑力量。

又如古代的陶器，如果没有陶土做成陶器，那么就没有盛东西的器皿；而如果陶器内部没有掏出空间来（即没有制造出"无"）的话，那这个器皿就毫无实用价值可言。

再如古代的窑洞，必须从中挖掉许多土，挖出许多房间和门窗来；如果没有空旷的房间，以及进出或通风的门窗，那这个窑洞就没有实用价值可言。

诸如此类，倘若只有满满当当的"有"，不留一点空隙（即没有"无"的存在空间），那"有"便没有存在的必要。倘若没有"无"，则不能提供任何使用价值；而若只存在完完全全的"无"（即没有以"有"为前提）也是极其无用的，因为它没有边界和依靠（就像碗盛

水时必须有实实在在的碗沿,如果没有碗沿,那根本盛不了水)。
概而言之,有无相生,"有"少不了"无","无"也少不了"有"。

这就好像一个人,首先,他必须先"有"(包括有能力、有工作
等),才能为其生活提供保障;但如果他的内心不能"无"(比如无私
心,或者静下心来而无任何杂念),整日只想着自己的"有",那他对
别人而言,就是可有可无的"无",他在别人的眼里就没有什么价值
了。他只是挣些粮食,养活自己,其家人得不到任何赡养,其亲朋
好友得不到任何帮助,其所在单位和国家得不到他的任何爱心和
奉献;他只是极端自私地活着,正好应了臧克家的那句诗"有的人
活着,他已经死了"(这里的"死了"特指没有任何有益于社会的方
面,他在别人心中已经死了,无足挂齿了)。

原文

三十辐共一毂,当其无,有车之用①。埏埴以为器,当其无,有
器之用②。凿户牖以为室,当其无,有室之用③。故有之以为利,无
之以为用④。

注释

①辐:连接车辋和车毂的辐条;当:正因为;无:此处指车毂中
的一些孔洞。

②埏:音 shān,用水和(huó)土;埴:黏土;器:器皿;无:此处指
器皿的中空。

③凿:开凿;户牖:门窗;室:屋子,房间;无:屋子四壁所围成的
空间。

④有:此处指某一物件的整体结构;利:提供便利;无:此处指
某一物件的中空之处;用:有用,使用价值。

译文

三十根辐条共同汇聚到一个车轮的毂上,正因为车毂有孔洞,才有车轮的运行效用。和揉陶土做成器皿,正因为器皿有中空,才有器皿的用处。开凿门窗来建造房屋,正因为房屋有空间,才有房屋的作用。所以,"有"为人们提供了使用某种东西的便利,但实际上发挥作用的还是"无"。

【本章造物思想】

"有之以为利,无之以为用。"这就告诉人们,在用各种材料构成所造之物的"有"之际,切忌填得太满,一定要留出空间来,以构成所造之物的"无"。"有"只是为人们提供接触与欣赏所造之物的便利而已,"无"才是所造之物的实际作用之所在。比如在室内设计中,不能在房子里摆满东西,而应最大限度地腾出空间来,最大限度地满足人们对空间的使用需求。又如在制造车、船、飞机等交通工具时,同样应最大限度地多创造一些"无"来,以充分满足人们的空间享受。再如在床、橱柜、锅、碗、盆等日常生活用具中,同样需要多创造出"无"来,以满足人们休息、放置衣物与填装食物之需要。总之,人造之物其实就是用各种材料之"有",最大限度地多造些"无",以满足人们各种生活与审美之需。

本章是老子造物思想的重要表述之一,其核心主张就是"有之以为利,无之以为用"。这一主张包含三大观点:一是造物即为利用原材料制造物件,从而为人们带来使用物件后的便利,不管是造车,还是造碗,抑或是造房,都需要原材料,目的都是带给人们便利;二是造物时应想着怎样能够腾出更多的空间来,尽量减少原材料所占用的空间;三是便利和空间应该综合考虑,而不应舍弃任何一方,光有便利而无空间是不行的(比如超级跑车虽然速度很快,但因为空间很小而不能面向普通大众推广),而光有空间却不便利也是不行的（比如有的碗做得很薄,若是装了热东西则端起来很烫,因而缺乏实用价值）,造物理念中"有"与"无"之间的权衡,即找到二者的平衡点是非常关键的设计要素。

不过,在"有"与"无"之间,老子更看重"无",比如对于交通工具车子,他希望造物者能留出更多的空间来供人们乘坐;对于餐具,他希望造物者能挖出更多的空间来供人们盛食物;对于居住用房窑洞,他希望造物者能凿出更多的室内空间来供人们居住。在老子看来,造物时所花的原材料越少,就越值得提倡;造物后所获得的空间越多,就越值得效仿。而这也符合老子的哲学理念,那就是"以无为本,以有为末"。

【章旨串讲】果腹即可，逐欲必亡

在主静的老子看来，安静则可少欲。老子不提倡世人尽情地享受生活，而是劝导人们尽量过简单寡淡的生活。

老子清楚地知道，在各种欲望面前，世人是无法抵御其诱惑的，是不会见好就收的，只会成为其俘虏，以至于伤害了身体，伤及心灵与品德。

那该怎么办呢？最好的办法是远离，远离各种欲望的诱惑，追求最简单的生活（求得果腹即可）。

因此，"空出心来，以得清静"，这才是悟道之人应有的活法。

原文

五色令人目盲①；五音令人耳聋②；五味令人口爽③；驰骋畋猎令人心发狂④；难得之货令人行妨⑤。是以圣人为腹不为目，故去彼取此⑥。

注释

①五色：各种颜色。

②五音：各种声音。

③五味：各种味道；口爽：口舌失去辨味能力。

④驰骋：纵马狂奔；畋猎：打猎；心发狂：内心狂躁不安。

⑤货：此处指珍奇宝物；行妨：行为不轨，品行受伤害。

⑥为腹：满足简单的温饱；为目：满足于声色犬马之娱。

译文

各种绚烂的色彩令人眼花缭乱；各种嘈杂的声音令人耳朵失聪；各种美味佳肴令人口舌生疮；驰骋打猎令人心里发狂；难得的珍宝令人行为不轨。因此，悟道的圣人只求简单的饱腹，不求声色之娱；他拒绝物欲之诱惑，追求内心之清静。

【本章造物思想】

"是以圣人为腹不为目，故去彼取此。"既然悟道之圣人只求简单的饱腹，不求声色之娱，那么，老子的造物守则里也便多了一条，那就是"为腹不为目"。这就告诫世人，我们的造物只应满足最简单的日常生活需求，切莫为求声色之娱而造物。那些多余的、奢侈的、用以满足人们"声、色、味、玩、赏"等享受的物是不应该被造出来的，它们只会伤害人们的感觉器官与恬静的内心，故而人们应该远离物欲诱惑，远离那些多余的、奢侈的东西。

在现实生活中，绝大多数造物都是为了满足人们的欲望，都不能让人心境平淡，因而都是需要抛弃的。而只有悟道之圣人才能看到这一点，并且深以为戒，既不去造物，也不去享用那些造出来供人享乐之物，他"为腹不为目"，只求简单的果腹即可，从不纵情物欲享乐，他取清静而舍享乐，这就叫作"去彼取此"。

【章旨串讲】抛开宠辱，处变不惊

俗世之人特别看重名声和地位，特别在乎别人的评价和社会之评定，有的甚至因此而惊恐不定：得了好名声或受表彰时会惊喜，得了坏名声和受屈辱时会惊恐，反正内心没有一刻会停下来，要么是惊喜或惊恐，要么是忐忑不安地等待着别人和社会的评价，就这样，为了宠与辱，他把身体搞垮了，甚至丧失性命。

在老子看来，别人的评价、外界的宠辱，不管是好还是坏，其实都无关紧要，一切宠辱得失都不比自身的宁静安详重要；因此，为了爱惜自身，就不应在乎任何外界之评价及他人之态度，而应关注自己的内心是否安宁。倘能如此，不但有益于身心健康，甚至可以托付天下，因为他会怜惜百姓，不会惊扰百姓，不会给百姓以宠辱，不会让百姓受到宠辱的惊扰，这样一来，百姓也会逐渐做到"宠辱不惊，清静养身"。

原文

宠辱若惊，贵大患若身①。

何谓宠辱若惊？宠为下②，得之若惊，失之若惊，是谓宠辱若惊。

何谓贵大患若身？吾所以有大患者，为吾有身，及吾无身，吾有何患^③？故贵以身为天下,若可寄天下^④;爱以身为天下,若可托天下^⑤。

注释

①宠辱若惊:得宠和受辱都好像惊恐不定的样子;贵大患若身:把得宠和受辱之类的大灾难看得像自身的生命一样重要。

②为下:是卑下的。

③为吾有身:因为我有健全的身体;患:担心。

④贵以身为天下:像看重自身生命一样去治理天下;若:好像;寄:寄托。

⑤爱以身为天下:像喜爱自身生命一样去治理天下;托:寄托。

译文

绝大多数人不管是得到宠爱,还是受到侮辱,都会惊恐不定,他们把是否得到宠爱和侮辱之类的大灾难看得像生命一样重要。

什么叫作"宠辱若惊"？得宠这种东西是卑下的,但绝大多数人却得之若惊,失之若惊,这就叫作"宠辱若惊"。

什么叫作"贵大患若身"？我之所以会对这些"大灾难"极其重视,那是因为我有这副健全的身体,等到我没了这副健全的身体,我还有什么可担心的呢？所以,只有那些悟道的圣人能以重视自身生命、爱惜自己身体的态度治理天下,只有遇到这种悟道的圣人,我们才可以将天下寄托于他。

【本章造物思想】

"宠辱若惊,贵大患若身。"世俗之人之所以无法悟道,就是因为太在乎宠辱与外界的评价了。作为造物者,应像悟道之圣人一样,抛弃宠辱,爱惜自身,只有这样,才能造出符合道家虚静恬淡心态的物来,并用这些物帮助人们过上恬静安详的美好生活。

可是,古代很多能工巧匠是为君王和各级官吏服务的,他们极尽谄媚,造出各种物件或珍玩,就是为了博得"主子"的宠幸,一旦得宠了就兴奋不已,一旦失宠了就懊恼不已,他们整天诚惶诚恐地伺候着"主子",这种"宠辱若惊"的做法在老子看来是要不得的,有时甚至是要命的,毕竟命比宠辱更重要,这就叫作"贵大患若身"。而只有悟道之圣人才能做到"宠辱不惊",才能恪守"贵大患若身"之道,他不像那些能工巧匠一样竭尽造物之能事,他把生命的恬淡安宁看得比造物重要得多,而正是因为有了这种素养,他才被百姓放心地委以天下,放心地让他施展无为而治之术以治理好天下。

【章旨串讲】 "道"不可名，且曰"恍惚"

老子把"道"讲得非常玄虚，因此很多人无法理解，很想请老子给出一个具体的比方或描绘来。但老子却说，"道"不可名，也很难比方，如果实在要比方的话，它是"恍惚"的；它不可描绘，如果实在要描绘的话，它呈现出"希（见不着）、夷（听不着）、微（摸不着）"的状态。

然而，"道"不是老子凭空捏造出来的，它是实实在在的存在，只不过人类的感官无法直接感知而已。

老子对"道"的规律、现状、功用也作了简单的归纳总结：

（1）"道"运行的规律大致是：无形→有形→无形。

（2）"道"呈现出来的形态是：既见不到头，也见不到尾。

（3）认识"道"的好处大致有：可以帮助人们认识宇宙；在了解了"道"的运行规律之后，又可为驾驭现实事物服务（因为万事万物都在"道"的支配下或存或亡）。

原文

视之不见，名曰夷；听之不闻，名曰希；搏之不得，名曰微①。此三者不可致诘，故混而为一②。

其上不曒，其下不昧，绳绳兮不可名，复归于无物③。是谓无状之状,无物之象,是谓恍惚④。迎之不见其首,随之不见其后⑤。

执古之道,以御今之有⑥。能知古始,是谓道纪⑦。

注释

①夷:无色;闻:听到;希:无声;搏:摸;微:无形。

②致诘:追究;故混而为一:故而可知这三种性状混为一体了。

③皦:音jiǎo,明亮;昧:暗,不明;绳绳:众多,绵绵不绝;名:名状,形容,描述;无物:没有物体形象的状态。

④恍惚:恍恍惚惚,若有若无。

⑤首:头;随:跟随;后:尾。

⑥执:执掌;御:驾驭,把握;有:此处指"万有",即万物。

⑦古始:远古的始发状态;道纪:道的衍化秩序及其规律。

译文

道非常玄妙难识,你要是去看的话,却看不到它,这就叫作"夷"(无色);你要是去听的话,却听不到它,这就叫作"希"(无声);你要是去摸的话,却摸不着它,这就叫作"微"(无形)。道的这三种性状都无法细究,故而可知这三种性状混为一体了。

道的上部不明亮,下部不暗淡。它绵绵不绝,我们无法弄清它,无法形容它。它生出万物(即"有")之后,却最终归于什么都没有的"无物"状态,这便叫作"无状之状,无物之象"(没有形状的形状,没有实物的形象),这种状态可称为"恍惚"(若有若无)。你在前面迎接它,却看不到它的头;你在后面跟随它,却看不到它的尾。

执掌着古已有之的道,可用以把握现在的万物。能知晓道的远古始发状态,便可谓掌握道的衍化秩序及其规律。

【本章造物思想】

　　"道"是无色、无声、无形的,却能生出"有"(即万物)来。"道"呈现出"无状之状,无物之象"的形态,却能生出实实在在的"有"来。这便是"道"之造物的奇特之处。但即便如此,我们还是要去了解"道"。因此,在造物之际,倘若掌握了"道纪"(此处指造物的原则与规律),便可得心应手地造出想造之物来。

　　具体而言,作为造物主的"道",它在人类看来是看又看不见、听又听不着、摸又摸不到的"夷、希、微",而且它的视觉性状、听觉性状和触觉性状是融会为一的,这就更增加了人类感知它的难度。我们既看不到它的头部,也看不到它的尾部,它没有具体的形状,也没有具体的形象,它不是通常所见的物,但偏偏这么一个"道",却成为天地万物的造物主,自古至今它都在源源不断地造物。如果明白了造物之"道"自古以来就是那个样子,也就明白了"道"是没有任何形象的根本性规律。

十五章

【章旨串讲】为"道"惟静

在老子看来,得道者的境界对于常人而言是难以理解的,如果要勉强描述的话,那么得道者的特征就非常多:他小心谨慎,既庄严又洒脱,既朴实又旷达,他看起来像个不明世事的人,但其实却是最不自满的人,他的不自满表现在永远都追求心灵的宁静上。正因为心灵宁静,所以内心变得非常清澈;正因为心灵宁静,所以才有勃勃的生机。因此,宁静才是得道之关键,宁静了才能离道很近,才会离俗世很远。总之,因为宁静,故而能够远离世事的牵挂,故而看起来会显得很奇特,甚至呈现为深不可测的样子。

当得道的老子用此类口吻向我们宣讲的时候,我们需要静静聆听,虔诚体悟。

原文

古之善为道者,微妙玄通,深不可识①。

夫唯不可识,故强为之容②:豫兮若冬涉川;犹兮若畏四邻;俨兮其若客;涣兮其若凌释;敦兮其若朴;旷兮其若谷;混兮其若浊③。

孰能浊以静之徐清?孰能安以动之徐生?保此道者不欲盈④。夫唯不盈,故能蔽而新成⑤。

注释

①善为道者:善于悟道的人;微妙玄通:通达微妙深奥的道;深不可识:深刻而不为常人所知。

②强为之容:勉强描绘他的容貌。

③豫:犹豫,谨慎;涉川:过河;犹:犹豫,谨慎;畏四邻:提防四邻的围攻;俨:恭敬,严肃;若客:好像在做客;涣:涣散,融和洒脱;凌释:冰凌消融;敦:敦厚;朴:没有加工的木材;旷:空旷;谷:山谷;混:浑朴淳厚;浊:浑浊的水。

④浊以静之徐清:浑浊的水静下来而慢慢变得纯清;安以动之徐生:让安静的心灵动起来而使其慢慢显现生机;保:保守,保持;盈:此处指让欲望充盈心灵。

⑤蔽而新成:使旧的成为新的。

译文

古代善于悟道的人,能够通达微妙深奥的道,故而显得深刻而不为常人所知。

正因为他深不可识,所以勉强描绘一番他的容貌:他小心谨慎,就像冬天过河,又像是在提防着四邻的围攻;他恭敬严肃,像是在做客;他融和洒脱,就像冰凌消融;他敦厚朴实,像是未经雕琢的木材;他心胸旷达,像是幽深的山谷;他浑朴淳厚,像是浑浊的水。

谁能让浑浊的水静下来,慢慢变得纯清;谁能让安静的心灵动起来,使它生机勃勃?保守这个"道"的人可以做到,因为他不会让欲望充盈心灵。正因为不会让欲望充盈心灵,所以能够去故成新,焕发出新的生机来。

【本章造物思想】

老子对于悟道者的描绘,可借来描述造物者所应具备的心态:他必须小心谨慎、恭敬严肃、融和洒脱、敦厚朴实、心胸旷达、浑朴淳厚。之所以必须如此,是为了让心灵安静下来,不受任何外界事物或内心欲望干扰,从而全身心投入造物活动中去,使得所造之物能够去故成新,焕发出新的生机。

而作为悟道者,他为何能悟道? 这在常人看来是"微妙玄通,深不可识"的。他和普通的造物者不一样,在"引发欲望之事"上,他总是犹犹豫豫、裹足不前、敦朴无知、心里空荡荡的,他能把浑浊的欲望给慢慢澄清下来,他能把安静的元气触动起来而让身体焕发勃勃生气,他从来不想让欲望充盈内心,正因如此,他才能让身体和生命不断新陈代谢,焕发新的生机与活力。

十六章

【章旨串讲】虚静观复

　　为什么老子反复强调人应该虚静？因为当万物生机勃勃之际，我们可能会被其勃勃生机给迷惑住，甚至迷恋上其中某一种东西，从而成为所迷恋之物的奴隶，为其尽情付出，忠心耿耿地为其卖命，而自己则被束缚住，毫无自由可言。因此，最佳的处世态度就是虚静，没有任何牵挂。虚则无心，静可观复（安静下来后，可以发现万事万物都是"由生到死，最终回到原点"的循环往复，亦即"无中生有，有归于无"）。万事万物都要回到"无"这一根源上来，生命的本质其实就是回归于"无"，这是"道"的根本规律。

　　懂得了这一根本规律，我们就会拥有"宽容、公正、周全、天然"的品性，从而合于天道，终身无灾。

　　既然一切都是虚无，一切都是枉费，何不静看万物、静待生死呢？

原文

　　致虚极，守静笃；万物并作，吾以观复①。

　　夫物芸芸，各复归其根②。归根曰静，静曰复命③。复命曰常，知常曰明④。不知常，妄作凶⑤。

　　知常容，容乃公，公乃全，全乃天，天乃道，道乃久，没身不殆⑥。

51

注释

①致虚极:使心灵达到虚空的极点;守静笃:坚守心灵的安静以达到极点;作:蓬勃生长;以:主语与谓语之间的连词,无义;观复:看出循环往复的道理。

②芸芸:纷纭众多;各复归其根:各自复归于它的根本。

③复命:复归于生命的沉寂状态。

④常:规律,恒常之道;明:明智。

⑤妄作:胡乱作为;凶:有凶灾。

⑥容:宽容,包容;公:公正无私;全:处事周全;天:纯任天然,符合天然;道:契合于道;没身不殆:终身都不会有任何危险。

译文

要竭力使心灵达到虚空的极点,要坚守心灵的安静以达到极点;当万物都蓬勃生长之际,我却发现它们必将"由生到死"地循环往复。

万物纷纷芸芸,各自复归"无"这一根本。复归于"无"就叫作"静",回归于静就叫作复归于"天命"。复归于"天命"实为恒常之道,明白一切都有其恒常之道就叫作明智。倘若不明恒常之道,只顾胡乱作为,那将会有凶灾降临。

明白一切都有其恒常之道者便能宽容一切,宽容一切便能公正无私,公正无私便能处事周全,处事周全便能纯任天然,纯任天然便能契合于道,契合于道便能长久,这样终身都不会有任何危险。

【本章造物思想】

"万物并作,吾以观复。"对待道生万物这一现象,我们应该悟到万物"由生到死,循环往复"之必然规律。在万物被造之际,我们不应插手干预,而应"复归于静",欣赏"万物被道创造出来"这一"天命",并且善待这些被造出来的生命,用公正平等的态度对待之,这样方才符合天道,终身不会遭遇任何危险;倘若强行干预道造万物,去伤害或者偏私于某些物种或物件,那必将遭遇各种危险和报应,以至于不得善终。

在造物主创造万物这件事情上,悟道之圣人能够"致虚极,守静笃",以虚静的心态看待之,明白"万物会蓬勃地生发出来,但又将走向死亡,然后再次重生"的道理。他知道万物回归于安静的虚无状态是一种必然性,此即"夫物芸芸,各复归其根。归根曰静,静曰复命"。能明白这种必然性,不去担心万物的死亡,不去人为地增加物种或物件,这种人才是明智的悟道者,否则就是胡乱造物的、即将遭遇凶险的人,此即"复命曰常,知常曰明。不知常,妄作凶"。圣人因为懂得这些常理,所以能够待人宽容、处事公平、考虑全面、符合天道,以至于能够长久存活于人世,此即"知常容,容乃公,公乃全,全乃天,天乃道,道乃久,没身不殆"。

【章旨串讲】贵言得治

最好的统治者是不会对百姓乱发号施令的,他让百姓顺应自然而生,顺应自然而死,但其治理却是最成功的。

因此,统治者的好坏等级应该是这样的:

不知有之(百姓不晓得生活中还有君主之类的统治者)>亲近赞誉之(百姓亲近君主、赞誉君主贤明)>畏惧之(百姓对君主十分畏惧)>侮辱之(百姓不堪欺凌,公开侮辱君主)。

原文

太上,不知有之;其次,亲而誉之;其次,畏之;其次,侮之①。信不足焉,有不信焉②。

悠兮,其贵言③。功成事遂,百姓皆谓"我自然"④。

注释

①太上:最上的,最高级的;亲而誉之:亲近他,赞美他;畏之:畏惧他;侮之:侮辱他。

②信不足焉:信誉度不够啊;有不信焉:有不信任产生啊。

③悠:悠闲;贵言:此处意为不乱发号施令。

④遂：如意，成功；我自然：我自然而然。

译文

最高级的统治者是民众不知道还有统治者存在；稍次一级的是民众亲近并赞誉他；再次一级的是民众害怕他；更次一级的是民众公开侮辱他。正因为统治者不值得信任，故而民众不会信任他。

最高级的统治者多么悠闲啊，他从不发号施令。当他的无为而治使得天下大治之际，百姓都说"我自然而然就能过得这么好"。

【本章造物思想】

最高级的统治者应该"悠兮，其贵言"，他从不乱发号施令，以至于百姓"不知有之"，但统治者却能"功成事遂"。

从造物的角度而言，统治者在管理众多的造物者之际，最好的策略是不让百姓知道还有统治者存在着，这比百姓赞誉统治者、畏惧统治者、羞辱统治者不知道要好多少倍，而造物者一旦不信任统治者，那统治者的麻烦可就大了。因此，百姓要从事哪方面的造物，怎样去造物，统治者应该概不关心，任由造物者自己去作为，等到他们对自己的造物满意之后，他们也只会觉得"是我自己自然而然就造出这个东西来的"，而在这个时候，统治者方可谓之"功成事遂"。因此，对造物者的管理，最佳的办法是"悠然自得，不加干涉"，此即"悠兮，其贵言"。

【章旨串讲】以"大道"治国

老子提倡以"大道"治国,要求君主虚静无为。他对那些"仁义、仁慈、忠诚、礼仪、孝顺"之类的"以礼治国"理念不屑一顾,因为那些理念不过是"国家混乱、六亲不和"现象出现后的临时"缓死药"。这种"缓死药"不但不能解决国家大治之根本问题,而且极有可能滋生一些貌似聪明智巧的大奸大伪之人,而那些大奸大伪之人又会使得国家更为混乱,六亲更加不和。

原文

大道废,有仁义①;智慧出,有大伪②;六亲不和,有孝慈③;国家昏乱,有忠臣④。

注释

①大道废:"大道"思想被废弃;仁义:此处指假仁假义。

②智慧:所谓的聪明智慧;大伪:此处指大奸大伪之人。

③六亲:父、子、兄、弟、夫、妇;孝慈:此处指假孝假慈。

④昏乱:陷于混乱。

译文

当"大道"思想被废弃之际,便会出现假仁假义;当那些所谓的聪明智慧冒出来之际,便会有大奸大伪之人出现;当父子、兄弟、夫妻这六亲之间不和时,便会有假孝假慈出现;当国家混乱之际,便会有所谓的"忠臣"出现。

【本章造物思想】

"大道废,有仁义;智慧出,有大伪",当虚静无为的"大道"被废弃之际,就会出现假仁假义;当貌似聪明的人蹦出来之际,便会出现大奸大伪。"六亲不和,有孝慈;国家昏乱,有忠臣",当六亲不和之际,便会冒出假孝假慈;当国家昏乱之际,便会冒出虚伪的"忠臣"。这便启发人们,在造物企业或创意公司中,如果管理层内部不和谐,或者是管理混乱之际,就会冒出所谓的套近乎、献媚或者假忠假孝之人;作为管理者,千万要小心这些人,切莫被其外在表现给迷惑了。

从造物的角度来看,道家的造物观与儒家的造物观有很大的差异,因为道家信奉"道",反对仁义和动用智慧,反对全社会提倡孝慈、颂扬忠臣;而儒家则提倡仁义、智慧、孝慈、忠臣,因此,当道家反对造物的时候,儒家却在某种程度上宣扬造物,比如为了所谓的仁义,需要造物以彰显统治者之仁义,为了造出更多更精美的物,造物者便动用了更多的"智慧",从而导致假冒伪劣产品的猖獗,这就叫作"智慧出,有大伪"。而在造物者之间因为财富不均,即使是六亲,也会因为造物或财富的多少而导致不和,此时,统治者只好提倡孝慈;同样在朝廷上下,因为财富或造物之不均,也会出现"上欺下,下犯上"的混乱局面,此时,统治者只好鼓励大家都去当忠臣。因此,当道家因为不提倡造物以足欲,故而"大道存、智慧灭、六亲相和、国家清明"之际,儒家却因为提倡造物以足欲,故而导致"大道废、智慧出、六亲不和、国家混乱"之糟糕局面。由此可见,老子的无欲思想若用于造物领域,则各种为求纵欲之造物活动定将消歇,人们将不再受困于造物之牵累,从而得以清闲安逸,国泰民安。

【章旨串讲】朴素寡欲乃治民良方

怎样才能管好民众（之心）？答案是：使他们朴素寡欲吧！千万不要让百姓学习那些华而不实的、有害于国家大治与自我生存的东西（比如"聪明巧智、假仁假义、巧诈求利"等），那些东西不但不会让社会变好，而且会让社会变得更加病态。

因此，好的治民之方不是给百姓制定行为准则，而是让他们的内心归于朴素寡欲的大道，使他们的内心清静下来；不能让百姓学习那些世俗的道德准则，而应让他们虚静无欲。

原文

绝圣弃智，民利百倍；绝仁弃义，民复孝慈；绝巧弃利，盗贼无有①。此三者以为文不足，故令有所属②。

见素抱朴；少私寡欲；绝学无忧③。

注释

①绝：杜绝；圣：圣明；弃：抛弃；智：智巧；利：获利；复：恢复，复归；绝巧弃利：抛弃机巧和谋利。

②文：法律条文；有所属：此处指内心有所归属。

③见素抱朴:保持朴素;少私寡欲:私心和欲望都极少;绝学:此处指杜绝对那些"圣智、仁义、巧利"的学习。

译文

禁绝那些所谓的圣明和智巧,民众便可获利百倍;禁绝那些假仁假义,民众便会复归于真正的孝顺和仁慈;禁绝那些机巧和利益的诱惑,便不会有盗贼滋生。但仅限于法律条文上禁绝"圣智、仁义、巧利"还远远不够,还得让民众的内心有某种归属。

这种归属便是保持朴素,没有私欲,不去学坏(即不学那些"圣智、仁义、巧利"),这样一来,对于民众治理就没有什么可担忧的了。

【本章造物思想】

要治理好百姓,就应该"绝圣弃智,绝仁弃义,绝巧弃利",引导百姓"见素抱朴;少私寡欲;绝学无忧",亦即统治者抛弃虚伪奸诈的"圣智、仁义、巧利",让百姓回归于"朴素、寡欲、不学(坏)"的心态,只有这样,治理民众才没有什么可担忧的。

在此,老子延续了他对"造物以足欲"观念的反感。面对来势汹汹的造物欲望,老子认为应该禁止动用圣明和智慧去造物,也不能动用技巧和获利之诱惑来造物,不能假借满足仁义需求而假装为百姓造物,对待这些欲念,光是从法律条文上禁止都还不够,还得让百姓的内心有归属感,而这种归属感只有在道家的虚静无欲里才能真正找到。因此,道家的"见素抱朴;少私寡欲;绝学无忧"理念对于有着汹涌的造物冲动之人而言,是绝佳的清醒剂,慢慢地,接受了道家理念的造物者会认为朴素的东西才是美的,过度加工的物品是丑的;满足私欲的造物是丑的,没有私心和欲望的心灵是美的;不去学习如何精巧地造物便没有造物之担忧和困扰。

二
十
章

【章旨串讲】老子自画像：我愚人之心也哉！

作为大道思想的创始人,老子给自己的自画像是:在别人眼中,好像长着一颗愚人之心。其大致表现有:(1)与世人不一样,不去区分别人对自己的态度(比如唯唯诺诺与严厉呵斥),也不对万事万物作出或善或恶的区分;(2)不随波逐流,不跟从大众的喜好;(3)不纵欲,不寻觅好吃的东西或是好玩的地方;(4)淡泊恬静,从不炫耀;(5)不寻欢作乐,对诱惑无动于衷,不让心有所归(即不迷恋任何外物或者受外界诱惑);(6)不拥有(或占有)任何东西;(7)无所追求,了无牵挂;(8)保持一颗宁静之心,且从不改变。为何老子能如此淡泊脱俗？因为他真心听从道的话,故而真的得道了。

61

原文

唯之与阿,相去几何？善之与恶,相去若何①？人之所畏,不可不畏。

荒兮,其未央哉②！众人熙熙,如享太牢,如春登台③。我独泊兮,其未兆;沌沌兮,如婴儿之未孩;儽儽兮,若无所归④。众人皆有余,而我独若遗⑤。我愚人之心也哉！俗人昭昭,我独昏昏。俗人察察,我独闷闷⑥。澹兮,其若海;飂兮,若无止⑦。众人皆有以,而我独顽且鄙⑧。

我独异于人,而贵食母⑨。

注释

①唯之与阿:唯唯诺诺与呵斥;相去几何:相差有多远;相去若何:相差大概有多远。

②荒:荒远;未央:没有尽头。

③熙熙:兴高采烈;太牢:古代帝王祭祀时用的牛、羊、猪三牲,此处指盛大的宴席。

④泊:淡泊;未兆:没有征兆;沌沌:混混沌沌;未孩:不会笑;儽儽:音 lěi lěi,颓丧失意;若无所归:好像无家可归的样子。

⑤若遗:好像被遗忘的样子。

⑥昭昭:明亮,光明;昏昏:昏暗;察察:明察秋毫;闷闷:浑噩。

⑦澹:恬淡;飂:音 liù,飘风。

⑧有以:此处指赖以获取快乐的手段;顽且鄙:愚顽而且鄙陋。

⑨食母:赡养母亲。

译文

唯唯诺诺与呵斥,相差有多远?善与恶,相差有多远?别人所害怕的,每个人都不得不害怕,都随波逐流。

我的心却非常荒远,好像远得没有尽头。众人都兴高采烈,如同参加盛大的宴席,又如同春天登高远眺;唯独我内心淡泊,没有一点快乐的征兆;我的心混混沌沌,像婴儿那样还不会笑,对外界没有丝毫兴趣,像是无家可归的人。众人都快乐有余,我却像是被快乐给遗忘了。我确实长着一颗愚人的心胸啊!众人光耀绚烂,我却昏暗无光;众人明察秋毫,我却浑然无知。我的心恬淡得像大海,又像飘风那样无休无止。众人都有获取快乐的手段,而我却愚顽鄙陋,不知如何去享乐。

唯有我和众人不一样,而我却以涵养大道为贵。

【本章造物思想】

老子是真正的悟道者,他与众人完全不同,他虚静无欲,故而能领悟大道。现实生活中的造物者,也应向老子学习,内心淡泊,不随波逐流,既不唯唯诺诺,也不呵斥别人,只有这样,才能保持精神独立,领悟道的造物真谛,并造出符合道的物来。

从造物的角度来看,老子其实也是在对比"我"这个悟道者与普通的造物者:普通的造物者把唯唯诺诺和呵斥的差别看得很清楚,而"我"却觉得这两者都一样,都不是内心恬静者应有的心态;普通的造物者把善与恶的区别看得很清楚,而"我"却觉得这两者都一样,都不是对他人一视同仁者应有的态度;普通的造物者把别人的想法看得很重要,觉得"人之所畏,不可不畏",而"我"则根本不顾及流俗的看法,只关心自我心灵的需求,只是让自己的内心空无一物,达到"荒兮,其未央哉"的境界;普通的造物者一旦造物成功之后,便兴高采烈,如同参加盛大的宴会般快乐,又如春天登高远眺般惬意,而"我"对造物根本不感兴趣,内心淡泊宁静,思想混沌未化,欲望也没有落脚点;普通的造物者似乎快乐有余地享受着造物带来的乐趣,而"我"好像遗忘了造物还能带来乐趣之观念,就像一个不开窍的傻子;普通的造物者造物的智慧之光时常闪现,对造物过程可谓是明察秋毫,而"我"的造物灵窍一直都未开启,所以就像大海一样恬淡宁静,像飘风一样淡泊无欲;普通的造物者都有造物的本领可以炫耀,而"我"在造物领域愚顽而不开窍、鄙陋而无任何思想。"我"之所以能与普通的造物者不同,关键就在于"我"悟道了,不再追求造物之乐趣了;而普通的造物者由于没有悟道,故而只能陷于造物的泥淖而不能自拔。

63

【章旨串讲】有德者从道

道中有些什么？它看似恍恍惚惚(没有某一固定的实体)，但却有象(具体的形象)、有物(真实的物质)、有精(精气灌注其中)、有信(真实可信)。简言之，道中含有"精气灌注了的物与象"。那么，我们如何推知万物的起始状态呢？若用道家理念去推测，万物应该始生于无形之道(即"无中生有")。而有大德之人，(会像老子一样)只会听道的话。

原文

孔德之容，惟道是从①。

道之为物，惟恍惟惚②。惚兮恍兮，其中有象；恍兮惚兮，其中有物；窈兮冥兮，其中有精；其精甚真，其中有信③。

自今及古，其名不去，以阅众甫④。吾何以知众甫之状哉？以此⑤。

注释

①孔德之容：有大德之人的涵养；惟道是从：只听从道的指示。

②道之为物：道这种东西；惟恍惟惚：是恍恍惚惚的。

③象：形象；物：实体；窈兮冥兮：幽深黑暗啊；精：精华物质；信：真实可信的东西。

④其名不去：它的声名没有远离；以阅众甫：用来观察众生之起始阶段。

⑤以此：通过这个（此处指道）。

译文

有大德之人的涵养，可概括为"只听从道的指示"。

道的形态是恍恍惚惚的，但这恍惚之中有形象，有实体；道幽深黑暗，里面却蕴含着精华物质；这种精华物质是真的，里面有着真实可信的东西。

自古至今，道的声名不曾远离我们，而道又可被用来观察众生的起始阶段。我凭什么知晓众生之起始阶段呢？就凭借这个恍恍惚惚的道。

【本章造物思想】

作为造物者的"道"是长什么样子的呢？它恍恍惚惚的，看不大清。但在这恍恍惚惚的道中，却有着真实可信的精华物质，有着万物以及万物之象。因此，看不大清的、恍恍惚惚的道实乃有形有象的万物之创造者，这便是无形生有形的造物之妙。

而悟道者应该有大涵养，应该听从道的召唤。从造物的角度来看，作为造物主的道，它自身的形象是恍恍惚惚的、看不清的；但是没有关系，它能在恍恍惚惚之中造出有形的物象，它的精华物质能造出万物来，这是确定无疑的。我们想要发现万物最初的形态，可以通过观道来实现这一目标。

二十二章

【章旨串讲】不争者得道

老子提倡不争,虽然不争的时候可能会受点委曲和冤枉,会处于较低的位置,甚至无法获得新的东西,进而所得甚少。但不争的人,却能做到不自我表现,不自以为是,不自夸,不在别人面前矜持。因此,不争之人,天下无人能与之抗争,因为他把所有的好处都让给别人,他自己获得最为宝贵的虚静安宁,进而得道了!故此可知,不争者赢了,他赢得了道。

原文

曲则全,枉则直,洼则盈,敝则新,少则得,多则惑①。

是以圣人抱一为天下式②。不自见,故明;不自是,故彰;不自伐,故有功;不自矜,故长③。

夫唯不争④,故天下莫能与之争。古之所谓"曲则全"者,岂虚言哉⑤?诚全而归之⑥。

注释

①曲则全:委曲则能求全;枉则直:枉曲则能伸直;洼则盈:低洼则能充盈;敝则新:破旧则能更新;少则得:少欲则得清静;多则

惑：多欲则迷惑不清。

　　②抱一：抱持着道；为天下式：成为天下悟道者之楷模。

　　③自见：自我表现；明：明智；自是：自以为是；彰：彰明；自伐：自夸；自矜：自我矜持；故长：所以能长久保全自身。

　　④夫：句首发语词，无义；唯：正因为。

　　⑤虚言：虚假之言。

　　⑥诚：确实；全：完全；归之：此处指将功劳归于"不争"。

译文

　　委曲则能求全，枉曲则能伸直，低洼则能充盈，破旧则能更新，少欲则得清静，多欲则迷惑不清。

　　圣人抱持着道，故而成为天下悟道者之楷模。他不自我表现，所以很明智；不自以为是，所以能彰明是非；不自夸，所以能保有功劳；不矜持，所以能长久保全自身。

　　正因为得道之圣人与世无争，故而天下没有人能够与之相争。古时候所谓的"委曲则能求全"，难道是虚假之言？而这完全应将功劳归于"不争"。

　　【本章造物思想】

　　悟道之圣人不与人相争，故而天下莫能与之争。同理，现实生活中的造物者也不应与人相争，不自我表现，不自以为是，不自夸，不矜持，永远保持一颗平常心，只有这样，才能保全自己。

　　而若从造物心理学的角度来看，造物者也应明白现实生活与艺术创作的区别与关联：在现实生活中，你委曲自己，就能保全自己，从而有造物的机会；在现实生活中，你卑躬屈膝，就能保护自己，从而有造物过程中创作意念的率直输入；在现实生活中，你甘处下位，就能照顾好自己，从而有造物过程中创作思想的充盈；在现实生活中,你所求甚少,就能解放自己,从而在造物之中有自己的成就;而在现实生活中所求甚多的话,那就会束缚住自己,从而迷惑不堪,以至于在造物之际匆匆忙忙、心不在焉,让自己的艺术思路混乱不已。

而作为造物者的管理者,圣人不热衷于造物,他谨守虚静之道,在现实生活中,他不自我表现、不自以为是、不自夸、不矜持,因而能够长久地保全自己;他从不与那些造物者争什么,但普天之下,有资格当头领的却非他莫属。

【章旨串讲】君主应少发号施令

治国之圣人(君主)极少发号施令(即"希言"),不怎么干预百姓生活,让百姓顺其自然地活着。反之,如果残暴地干扰百姓的生活,那统治就会像飘风骤雨一样不可长久。因此,统治者一定要顺道而为,虚静无为。

原文

希言,自然①。

故飘风不终朝②,骤雨不终日。孰为此者③?天地。天地尚不能久,而况于人乎?

故从事于道者同于道,德者同于德,失者同于失④。同于道者,道亦乐得之;同于德者,德亦乐得之;同于失者,失亦乐得之⑤。

信不足焉,有不信焉。

注释

①希言:少说话,此处指不发号施令;自然:合于自然之道。

②飘风:狂风;终朝:维持整个早上。

③为此:制造这种现象。

④从事于:遵循;同于:与……同步,合乎;失:失去。

⑤亦乐得之:也乐于得到他。

译文

君主少发号施令,这是合乎自然之道的做法。

故此可以发现,狂风刮不到一个早上就会停歇,暴雨下不到一整天便会停止。这些现象是谁造成的?是天地造成的。天地的狂暴尚且不能长久,何况是人呢?

所以遵循道而行事的人就能契合于道,遵循德而行事的人就能契合于德,不遵守道与德而行事的人就会失去道与德。契合于道之人,道也会保佑他;有德之人,德也会护佑他;无道亦无德之人,道和德也会抛弃他。

君主如若诚信不足,那便得不到百姓的信任。

【本章造物思想】

治国之圣人不发号施令,契合于道德,讲究诚信,因而能让百姓顺其自然地生活着。同理,作为造物企业或产品创意公司的管理者,也应恪守道德,讲究诚信,惟其如此,这个公司或企业才能兴旺发达。

从管理的角度而言,管理者不应告诉造物者如何去造物、如何去设计,而是让造物者各抒己见,实行头脑风暴法,把各自的理念、见解和设计思路清楚明白地告诉他人,以便他们之间达成协议和约定,形成最终的思路,共同完成一些工程较大或者较为繁杂的造物;而管理者则严守道德,讲究诚信,不乱介入,不乱加干涉,让造物者互相磨合、互相协作,在宽松自由的环境中迸发灵感,造出为大家所认同的作品来。

二
十
四
章

【章旨串讲】做事不要急于求成，做人不能自以为是

在有道者看来,任何欲望的满足或追求都是不合道的,都像剩饭和赘瘤一样,对人们毫无益处可言。

比如那些踮着脚尖想要看得更高远的人,那些迈开大步想走得更快的人,那些喜欢"自我表现、自以为是、自我夸耀、矜持自大"的人都是不明智的,终究是要失败的。因为那些造作归根结底都是为不停地满足欲望而服务的,都会引导人们走向永无休止的欲望追逐之路,故而应迷途知返,回归到虚静无欲的正道上来。

原文

企者不立,跨者不行①。

自见者不明;自是者不彰;自伐者无功;自矜者不长。其在道也,曰余食赘形②。物或恶之,故有道者不处③。

注释

①企者不立:脚尖踮得太高的人是站不稳的;跨者不行:两腿跨得太大的人是走不动的。

②其在道也:从道的角度来看它;余食赘形:吃饱后再多吃的

食物、身上多余的赘肉。

③物或恶之：这种东西或许应该厌恶它；不处：不那样处置。

译文

那些脚尖跷得太高的人是站不稳的，那些两腿跨得太大的人是走不动的。

那些喜欢自我表现的人是不明智的；那些自以为是的人是不能彰显于世的；那些自夸的人是没有功劳的；那些自我矜持的人是不会长久的。从道的角度来看，那些以满足欲望为目的的显摆，正如吃饱后再多吃的食物或者身上多余的赘肉，都应该被厌弃，所以有道者是不会那样做（显摆）的。

【本章造物思想】

俗话说"慢工出细活"，因此，做事不要急于求成，在造物过程中应顺其自然，切莫违背自然规律去强干蛮干。造物成功之后，也不能自以为是。有道的造物者会极力避免滋生"自我表现、自以为是、自我夸耀、自我矜持"之类的心态，而是虚静无欲，永远保持一颗平常心。

很多半路出家的造物者，总以为在某个领域自己是天才，总想一下子造出一个惊天动地的作品来，而最终的结果往往是"企者不立，跨者不行"。即使你是某个领域默默耕耘多年的造物者，也没必要自以为是，觉得自己是这个领域里最聪明、最有天赋、最有创意的人，一旦那样去想的话，你就失去虚心听取他人意见的耐心，就会故步自封，无法更上一层楼。那些贪念、那些自负都是造物者的心灵负担，只有卸下这些负担，才能轻装前行，永远进步。

【章旨串讲】 道法自然

老子认为,大道乃天地之母,它不停地运行着,但却不会坏掉(此即道之"逝");它运行得越来越远,以至于渐趋无声无形(此即道之"远");它最终返归于"无"之本原(此即道之"反")。这是道自始至终的运行规律,永远都不会改变。

那么,是谁支配着道的运行与变化呢?没有谁支配它,是道在自己支配自己,它给自己制定变化和运行规律。它的运行规律便是:无中生有,有归于无。道的这些运行规律可名之曰"道法自然"。

原文

有物混成①,先天地生。寂兮寥兮,独立而不改,周行而不殆,可以为天地母②。吾不知其名,强字之曰道,强为之名曰大③。大曰逝,逝曰远,远曰反④。

故道大,天大,地大,人亦大⑤。域中有四大,而人居其一焉⑥。

人法地,地法天,天法道,道法自然⑦。

注释

①混成:在混沌中生成。

②寂兮寥兮:无声啊,无形啊;独立而不改:独立存在而不改变其特性;周行而不殆:循环运行却不会坏掉。

③字之:给它取名字;强:勉强,强行。

④大曰逝:它伟大啊,它流走了;逝曰远:它流走了啊,走得很远;远曰反:它走得很远啊,最终返回到原点。

⑤大:伟大。

⑥域中:宇宙之中;居其一:居于其中之一部分。

⑦法:效法,取法;道法自然:道的运行规律是自然而然的。

译文

有一种东西在混沌中生成,它在天地出现之前就已诞生。它无声无形,独立存在而不改变特性,它循环运行却不会坏掉,可以作为天地之母。我不知道它的名字,只好勉强给它取个名字叫作"道",并勉强给它加上一个别名,叫作"大"。说它伟大,是因为它会流走,而且走得特别远,但不管有多远,终将返回原点。

所以道是伟大的,天是伟大的,地是伟大的,人也是伟大的。整个宇宙之中有四个伟大的东西,人便是其中之一。

人效法地,地效法天,天效法道,道的运行规律是自然而然地形成的。

【本章造物思想】

作为天地万物的造物主,道可谓万物之母,它在天地诞生之前就已存在了。而作为后起之秀的造物者,人类也是很伟大的。人类必须效法天地与道,但道无须有任何预定的运行规则,其规则是在运行过程中自然而然地形成的。

　　因此,宇宙间的造物是非常久远和神奇的,在天地万物未曾被创造之前,便有了这个道。道是独立运行的,它有自己的运行规律,在不知不觉之中,它突然形成了天地和万物。对于这个道,老子也不知道它本来叫什么名字,他只是按照人的取名方法,用"名+字"来称呼它,此即"大+道＝大道",老子称呼它为"大道"。在老子看来,大道不断地运行,越走越远,但它走着走着又会走回到原点。而之所以在"道"前面加上一个"大"字,就是为了称颂它的伟大,当然,除道以外,天、地、人也伟大。天地会协助道创造万物,人也有创造力,也会造物,而人造物的法则应向天地学习,尤其是向"道"学习,学习它那种顺其自然的造物方法,在造物之前关注原材料的天性,然后顺着其天性,看它能被造成什么东西,就去造出什么东西来。

二
十
六
章

【章旨串讲】以养生之法治国

老子将治国之君子(即悟了道的君主)与普通的万乘之主(大国之国君)做了从内到外的对比:

治国之君子——稳重,安静,超然物外→保养了生命,治好了天下;

普通的万乘之主——轻浮,躁动,纵欲享乐→纵欲自残,国家破败。

因此,必须以养生之法治国(做到虚静无欲),方可令天下大治。

原文

重为轻根,静为躁君①。是以君子终日行不离辎重,虽有荣观,燕处超然②。

奈何万乘之主,而以身轻天下③? 轻则失根,躁则失君。

注释

①重:稳重;轻:轻率;根:根本;静:安静;躁:躁动;君:主宰。

②辎重:辎音 zī,载重的车辆;荣观:华丽的玩乐场所;燕处超

然:安静超然于玩乐之外。

③奈何:此处意为怎奈、不曾料;万乘之主:大国的君主;而:却;以身轻天下:以自身固有的轻率来治理天下(即有为而治)。

译文

稳重是轻率的根本,安静是躁动的主宰。因此,治国之君子终日行走,却不离开载重的车辆(因为车辆上面有他的生存所需),即使有华丽的玩乐场所,却安静超然于玩乐之外。

怎奈大国之君主竟然轻举妄动,以至于无法治理好天下呢?他们应该知道,轻率就失去了"稳重"这一处事之根本,躁动就失去了"安静"这一治国之主宰。

【本章造物思想】

"重为轻根,静为躁君。"身为君子,应稳重、安静,"虽有荣观,燕处超然",虽然有华丽的玩乐场所,但却超然于玩乐之外。作为现实生活中的造物者,应该向君子学习,做到稳重而安静,不能轻率而浮躁,要想到造物不是一件容易的事,要造出好物来更是一件不容易的事,倘若心不在焉、急功近利,必将招致造物失败。

因此,在造物之际,应该心里安静下来,考虑问题稳重周到,待造出满意的东西之后,又忘掉它,忘掉曾经的荣誉,下次造物的时候,又像一个学徒工一样,一切从零开始。而作为造物者的管理者,君主也应心里安静,考虑问题稳重周到,否则的话,那就根本不像一个君主的样子,进而成为天下造物者的笑柄。

二十七章

【章旨串讲】圣人悟道，可谓聪明

老子认为，悟道之圣人"袭明"（亦即将聪明才智藏于胸中，而不显露出来），他能"行不言之教，施无为之治"。他有着好的言行、计算与闭结的能力，并善于救人救物（教导各色人等虚静无欲，颐养天年）。

老子要求世人拜善人为师，让不善之人学习并借鉴善人的言行举止与养心之法。

原文

善行，无辙迹；善言，无瑕谪；善数，不用筹策；善闭，无关楗而不可开；善结，无绳约而不可解①。是以圣人常善救人，故无弃人；常善救物，故无弃物②。是谓袭明③。

故善人者，不善人之师；不善人者，善人之资④。不贵其师，不爱其资，虽智大迷，是谓要妙⑤。

注释

①善行：善于行走；无辙迹：没有痕迹；善言：善于言说；无瑕谪：没有瑕疵和可指责的地方；善数：善于算数；筹策：竹码子（古时

的计算工具);善闭:善于关闭;关楗:关门的木栓;善结:善于捆绑;
绳约:绳索。

②常善:总是善于;弃人:被遗弃的人;弃物:被遗弃的物。

③袭明:承袭了(道家的)聪明。

④资:资助,提供(反面的)借鉴。

⑤虽智大迷:虽然自诩聪明,也不过是个"大迷糊";要妙:精要
微妙。

译文

悟道之圣人善于行走,却不留下痕迹;善于言说,却无懈可击;
善于算数,却不用竹码;善于关闭,却不用栓梢;善于捆绑,即便不
用绳子捆绑,别人也解不开。因此,悟道之圣人总是那么善于拯救
别人,故而没有被道所遗弃的人;总是那么善于拯救物,故而没有
被道所遗弃的物。这就叫作承袭了道家的聪明。

所以,如果善人悟道了,便可成为不善之人的老师;如果不善
之人悟道了,同样可以为善人提供思想借鉴。如果一个人不尊重
老师,不敬爱思想启蒙者,那么他虽然自诩聪明,也不过是个大糊
涂蛋。以上这些言论可谓是精要的妙理。

【本章造物思想】

"善闭,无关楗而不可开。"好的造物者在造物时善于关闭,他
几乎不用栓梢,比如上海世博会中国国家馆的"斗冠"造型就借鉴
了古代的斗拱木架结构,这种"榫卯穿插,层层出挑"的构造方式就
符合"善闭,无关楗而不可开"之理念。

"善结,无绳约而不可解。"同样,好的造物者在造物时也善于
打结,他即便不用绳子捆绑,别人也解不开。比如铁链就是一个套
一个的闭合式锁扣,还有各种连环扣,这些物件都没有打结,但却

解不开,这便是"善结,无绳约而不可解"理念的现实运用。

"是以圣人……常善救物,故无弃物。"圣人"常善救物"的原因就在于他能够物尽其用,故而没有被废弃的物。在现实生活中,很多造物者在造物过后,常常会扔掉一大堆看来毫无用处的东西,这是非常可惜的。其实,任何被废弃的东西都是有用的,只要换个角度或眼光来看它,就能找到其使用价值,这种节约和珍惜"物"的做法不但有利于环境保护与资源的充分利用,而且能促进和提高造物者的聪明才智。

"故善人者,不善人之师;不善人者,善人之资。"无论是善人还是不善之人,只要能造出好物来,都有资格成为老师和思想启蒙者,这种不贴善恶标签的做法才是造物者的明智之举。

因此,造物者应"物尽所用"地利用好原材料,并多方学习借鉴,做最明智的造物者。

二十八章

【章旨串讲】圣人纯朴无欲，虚静无极

老子认为，治国之圣人（即君主）应该纯朴无欲，虚静无极（即没有任何私欲）。他固守着"雌静、阴暗处、屈辱之地"，甘当"溪、谷"，甘做无欲之楷模，并能回归"永恒的、纯朴的、婴儿般的"虚静无欲状态。他只要稍微动用一点纯朴无欲之智慧，就能成为有用之才（"朴散则为器"），或是领导者（"官长"）。因此，好的管理制度就在于不割裂管理者纯朴无欲之本性。

原文

知其雄，守其雌，为天下溪。为天下溪，常德不离，复归于婴儿①。

知其白，守其黑，为天下式。为天下式，常德不忒，复归于无极②。

知其荣，守其辱，为天下谷。为天下谷，常德乃足，复归于朴③。

朴散则为器，圣人用之，则为官长，故大制不割④。

注释

①雄：雄强；雌：雌弱；溪：沟溪；常德：永恒的品德。

②式：楷模；忒：差错；无极：至高无上（此处指至高无上之道）。

③谷：川谷；朴：此处指纯朴无欲的状态。

④散：散开；器：器物；官长：主管官吏；大制不割：伟大的器物制作不需要割裂它。

译文

知道什么是雄强的尊贵，却守着雌弱，甘愿做天下的沟溪；做天下的沟溪，让这种品德成为永恒，而且不再离开自身，让自己变得像婴儿一样无欲无求。

知道什么是鲜亮的白色，却守着黑色，甘愿做天下的楷模；做天下的楷模，让这种品德成为永恒，而且不再出现差错，让自己皈依至高无上之道。

知道什么是光鲜之荣耀，却守着屈辱，甘愿做天下的川谷；做天下的川谷，让这种品德成为永恒，而且特别充足，最后回归纯朴无欲的状态。

这种纯朴无欲只要稍微散开（即发挥出来）就能成为有用的东西，道家圣人运用这种散开的"朴"，便能成为管理者。因此，伟大的制作不需要割裂与雕琢"朴"，只须让"朴"的本性原生态地呈现出来即可。

【本章造物思想】

"朴散则为器……故大制不割。"一块未经雕刻的"朴"，只要稍微运用一点造物理念就可以让它成为有用之器，因此，伟大的造物不是强行切割、雕刻"朴"，不是用被切割、雕刻出来的"朴"造物，而是在尽量不破坏"朴"之外形与属性的情况下，让它巧妙地转化为有用之器。

"朴"有时也指纯朴无欲的心灵状态。作为造物者，应像道家圣人一样"常德乃足,复归于朴",把"知荣守辱,甘为川谷"的宽宏谦让品德发扬光大,让自己成为一个纯朴无欲的人,只有这样,才能有望成为伟大的造物者。

作为造物者的管理者,悟道之圣人明白什么是雄强,却不与人争强;知道什么是亮白,却不与人争亮争白;知道什么是荣耀,却不与人争荣耀。他心怀道德,甘处人下,像婴儿一样朴素无欲。不但如此,他还把部分造物者看成一块"朴",对之稍加引导,便能把这块"朴"雕刻成有用之材。因此,圣人看似不会造物,其实却最懂造物之法,那就是"物尽其性,稍加引导,使之合道",他从不使用违背道的原则的"强行割制"之法,因而他恪守"大制不割"之造物守则。

二十九章

【章旨串讲】圣人以"无为之道"为政治民

不管是治国为政,还是治理百姓,治国之圣人(即君主)都遵循着"无为而治"之准则:(1)治天下时无为(不强力推行任何治理措施);(2)施政时无为(不乱施政,能去除那些过度的、极端的、奢侈的政治措施);(3)治民时无为(虽然百姓形形色色,千差万别,但一条根本的原则就是不违背百姓之本性,让百姓想干嘛就去干嘛)。如若不遵循以上三条准则,要想天下大治,那是不可能成功的。

原文

将欲取天下而为之,吾见其不得已①。天下神器,不可为也,不可执也②。为者败之,执者失之。是以圣人无为,故无败,无执,故无失。

故物或行或随,或歔或吹,或强或羸,或载或隳③。

是以圣人去甚,去奢,去泰④。

注释

①为之:以有为而治来对待它;不得已:不会成功。

②神器:神圣的东西;不可执也:不能够执掌它啊。

③歔:用鼻孔出气;羸:羸弱;载:安定;隳:音 huī,崩毁。

④甚:极端的;奢:奢侈的;泰:过分的。

译文

想要依靠有为而统治天下,我可以肯定他是不会成功的。因为天下是神圣的东西,是不能对之有为而去改造的,是不能执掌的。施行有为之道的,一定会失败;执掌天下的,也一定会失去天下。因此,圣人奉行无为而治之道,所以不会有失败,也不会失去天下。

所以,圣人总是让万物尽其天性:有的在前面走,有的在后面跟;有的用鼻孔出气,有的用嘴巴吹气;有的强壮,有的羸弱;有的安定,有的崩毁。

因此,圣人去除那些有违"无为而治"之道的,极端的、奢侈的、过分的政治措施。

【本章造物思想】

"神器"是天造地设的,它"不可为也,不可执也",也就是说,"神器"不是人力可为的,也不能被占为己有与随意改造。"神器"只可被发现,不能被人造;人能造出来的,只能被称为"人器",而"人器"是无法与"神器"相媲美的。

道造万物,多姿多彩,"或行或随,或歔或吹,或强或羸,或载或隳",有的物在前面走,有的物在后面跟;有的物用鼻孔出气,有的物用嘴巴吹气;有的物强壮,有的物羸弱;有的物很安定,有的物将崩溃。但不管怎样,圣人都能让万物各自尽其天性,让万物自由自在地、顺其自然地活着。同理,我们也应认同生物多样性,不要人为地伤害或毁灭某些物种,以免破坏生物圈和生态平衡。

如果把治国比作造物的话,"天下"这个物件是不能强行加以改造的,谁要是强行改造之,其结果必然是失败,这就叫作"将欲取天下而为之,吾见其不得已……为者败之,执者失之"。因此,悟道之圣人知道"天下"这个物件的特性,他从不改造之,而是对之无所作为,可结果却偏偏出奇地好,此即"圣人无为,故无败,无执,故无失"。在圣人心中,"天下"这个物件是一件"神器",是无比完美的,是无需人为加工的,人为的加工只会画蛇添足,因此,对待"天下"这件"神器",是不能人为造作、人为干涉的。由此我们知道,无论你是如何高明的能工巧匠,在"神器"面前,你是不能有丝毫加工或改造的。

　　"天下"这个物件是个大的整体,其内部的物件各不相同,有的走得快,有的出气方式怪,有的极易损坏,此即"故物或行或随,或歔或吹,或强或羸,或载或隳",在这种情形下,圣人的处理方法是让这些"天下中的物件"(即秉性各异的人)各行其是,不加干预,并严格约束自己,"去甚,去奢,去泰",做一个真正意义上的"无为而治"型管理者。

【章旨串讲】用兵逞强，必遭灭亡

老子是反对战争的。他认为发动战争者是会遭到报应的，只要是战争发生过的地方，都会荒芜得荆棘遍生；大战过后，定会出现荒年；那些靠兵力强盛而逞强于他国的，必将走向衰败。由于发动战争是不合乎道的，故而应以"虚静无争的道"来辅佐天下，切莫做不合道的事。如果实在是迫不得已，被迫应战的话，那也只需击退来犯者即可，千万不要以为打赢了就可以自高自大、自我夸耀、自以为是。一定要记住：战争不是什么好事，能避免就尽量避免。

原文

以道佐人主者，不以兵强天下，其事好还①。师之所处，荆棘生焉②。大军之后，必有凶年③。

善者有果而已，不敢以取强④。果而勿矜，果而勿伐，果而勿骄，果而不得已，果而勿强⑤。

物壮则老，是谓不道，不道早已⑥。

注释

①佐：辅佐；还：此处指还归于虚静无为的道。

②所处:所待过的地方。

③大军:此处指大战;凶年:灾荒之年。

④有果:有好的结果;取强:逞强。

⑤不得已:迫不得已;强:逞强。

⑥物壮则老:万物过于强壮就会衰老;不道:不合乎道;早已:此处意为"应该早点停止"。

译文

如果用道来辅佐君主,那便不会用兵来强霸天下,用兵这种事,最好应让它还归于虚静无为的道。因为军队待过的地方,会荆棘丛生;大战过后,必定会有灾荒之年。

善用兵者只求取得解除危机的结果而已,不敢依靠兵力而逞强。取得解除危机的结果之后,不应该矜持,不应该自夸,不应该骄傲自满,而应明白用兵是迫不得已,是不能逞强的。

就像万物过于强壮就会衰老一样,这种强壮是不合乎道的,不合乎道的就应该早点停止或结束。

【本章造物思想】

"物壮则老,是谓不道,不道早已。"万物过于强壮就会衰老,就不合道,就会很快地消逝。因此,道生万物,讲究柔弱,"柔弱者生之徒",只有处于柔弱阶段,才有勃勃的生机。同理,现实生活中的造物者也应把握"柔弱"这一原则,不要使得所造之物过于刚强,那样很容易脆裂或折断,很容易被损毁,故此可知,有弹性、有张力的物才是最好的。

而若把造物比作用兵的话,对待原材料,不能过于逞强,过于人为改造,此即"以道佐人主者,不以兵强天下,其事好还",因为一旦过分改造的话,原材料就变得面目全非、一无所是了,此即"师之所处,荆棘生焉。大军之后,必有凶年"。因此,较好的造物方法是稍加改造,此即"善者有果而已",亦即把原材料加工得符合基本的使用需求即可。对物件稍加改造之后,造物者是不能自鸣得意的,因为他清楚地知道,最好的做法是不加工,稍加改造是迫不得已的,此即"果而不得已"也。

　　而且,造物者是不能逞强好胜的,他应该谨记"物壮则老,是谓不道,不道早已",不让自己的创造生涯因自己的逞强而处于孤立无援的、无人交流与指导的尴尬境地,此即"物壮则老,是谓不道"的内涵。

三十一章

【章旨串讲】兵者乃不祥之器

老子认为,发动战争是不合道的,而兵器(即武器)也是不吉祥的东西,谁都厌恶它,有道之人更是不愿意使用它。对于兵器(即武器),只有在不得已的情况下才使用它。如果打赢了仗,千万不要赞美战争,不要自鸣得意,不要乐于杀人。杀人过后,要以丧礼待之,要以哀痛的心情祭奠亡者,要忏悔自己罪孽深重、罪莫大焉。

原文

夫兵者,不祥之器,物或恶之,故有道者不处①。

君子居则贵左,用兵则贵右②。兵者不祥之器,非君子之器,不得已而用之,恬淡为上③。胜而不美,而美之者,是乐杀人④。夫乐杀人者,则不可得志于天下矣⑤。

吉事尚左,凶事尚右;偏将军居左,上将军居右。言以丧礼处之⑥。杀人之众,以悲哀莅之;战胜,以丧礼处之⑦。

注释

①兵:兵器;物或恶之:这种东西或许应该厌恶它;不处:不使用。

②贵左：以左为贵；贵右：以右为贵。

③恬淡为上：最好以恬淡之心来对待它。

④胜而不美：虽然得胜了，但心里不能美滋滋的；是乐杀人：这种人喜欢杀人。

⑤得志于天下：成功地统领天下。

⑥言以丧礼处之：这就是说，上战场的时候是以丧礼之礼仪来对待的。

⑦莅：到；处：对待。

译文

兵器是不吉祥的东西，这种东西人们应该厌恶它，所以有道者是不会使用它的。

有道之君子居住的时候以左为贵，用兵的时候则以右为贵，这是因为兵器是不吉祥的东西，不是君子应该使用的，只是在打仗的时候不得已而使用它，故而应以恬淡之心来对待它，这样方为上策。而且即便是得胜了，也不能心里美滋滋的，因为那些心里美滋滋的人是喜欢杀人的人，而那些喜欢杀人的人是不能成功地统领天下的。

在处理吉庆之事的时候，是以左为贵；在处理凶恶之事的时候，是以右为贵。所以在战场上，偏将军坐在左边，上将军坐在右边，这就是说上战场的时候是以丧礼之礼仪来对待的。在杀掉很多敌人之后，应以悲哀的心情到战场去面对那些死者；打了胜仗之后，应按丧礼仪式去埋葬那些被杀死的人。

【本章造物思想】

"夫兵者，不祥之器"，武器是不祥之器，故而有道之造物者是不应该制造它的。这也警告我们，不能什么东西都制造，一定要考虑到造出某种东西会带来什么样的后果,如果是不祥的后果,那还是以不造为宜。这属于道家造物的伦理学范畴。

而若把造物比作用兵的话,对原材料进行加工改造就像拿兵器杀人一样,是迫不得已的,是不值得赞美的,如果赞美人为的加工改造,那就如同喜欢杀人一样,是不能"得志于天下"的,此即"兵者不祥之器,非君子之器,不得已而用之,恬淡为上。胜而不美,而美之者,是乐杀人。夫乐杀人者,则不可得志于天下矣"之比喻义也。即便将原材料加工改造后,也应以怜悯的心态对待作品,毕竟它被加工改造过了,不再是原来的它了,此即"杀人之众,以悲哀莅之;战胜,以丧礼处之"之比喻义也。

【章旨串讲】道在天下，如万川归海

老子认为,道虽然质朴无名,但是普天之下没有什么东西能使它臣服,反而是道在天下,如川谷归海,令阴阳相合,以降甘露,使百姓安乐,皆愿听从于道。而君主则须守道,虚静无为,让各级官吏和制度发挥作用,让各种政策施行时能够适可而止,以免增加百姓之负担。

原文

道常无名,朴虽小,天下莫能臣①。侯王若能守之,万物将自宾②。天地相合,以降甘露,民莫之令而自均③。

始制有名,名亦既有,夫亦将知止,知止可以不殆④。譬道之在天下,犹川谷之于江海⑤。

注释

①常:总是;朴虽小:此处指道像朴一样,虽然幽微渺小;臣:使……臣服。

②自宾:自动臣服。

③天地相合:天地间阴阳之气相合;莫之令:没有人指使他;自

均：自然而然地均匀。

④始制有名：在治国伊始，就制定了各种制度和官职名称；夫亦将知止：也应适可而止；不殆：不会有危险。

⑤譬：譬如；犹：犹如，好比。

译文

道总是没有名字，它这块"朴"虽然幽微渺小，但天下却没有任何东西能够使它臣服。王侯如果能够守着这个道，万物将自动臣服于他。依道治国者能使天地自然而然地阴阳之气相合，降下甘露，能使百姓在没有收到任何指令的情况下也能自均自调。

有道者在治国伊始，制定了各种制度和官职名称，但即使有了这些制度和官职，在管理百姓的时候还是应该适可而止，这样便可避免发生危险。因此，把道运用于治理天下，就好比川谷的溪流会自动地汇聚于江海一样，天下必将自治。

【本章造物思想】

道像是一块"朴"，它虽然小，但天下却没有任何东西能使它臣服。因此，最好的物也许不是人造的，而是自然而然就有的，比如道以及各种动植物就属于"朴"的范畴。因此，在老子的造物思想中，美在天然，美在自然。

因此，作为造物者的管理者，侯王应该守道（亦即顺其自然，不干涉民众），让万物自生自灭、自我创造，让民众自我创造、自我均调，即使委派了一些官吏来协助管理民众，也应教育官吏在管理民众时适可而止，不去干预民众。总之，侯王和官吏都应向道学习，学习道的包容天下万物，就像川谷包容江海一样。

【章旨串讲】自胜者强

老子知道，要让充满庸俗欲望之世人遵守虚静无欲的道，那是十分困难的。但他仍然鼓励世人，对于"守道"应"自知（知道自己处于守道的哪个阶段）、自胜（战胜自己的懒惰）、知足（对俗世欲望应知足，不要无休止地追求）、强行（顽强地遵循道所要求的准则）、不失其所（不要忘了道这一根基）"，只有这样，才能让自己"长久不衰，死而不亡"，永远保有守道之精神力量。

原文

知人者智，自知者明①。胜人者有力，自胜者强②。

知足者富，强行者有志，不失其所者久，死而不亡者寿③。

注释

①知人者智：能了解别人的人可算得上聪明；自知者明：能有自知之明的人算得上明智。

②胜人者有力：能战胜别人的人可算得上有力量；自胜者强：能战胜自己弱点的人算得上强大。

③知足者富：对世俗欲望能够知足而不再追求的人，其内心所

拥有的道德是富足的；强行者有志：能够顽强地遵循道德的人算得上有志之士；不失其所者久：不丢失内心所拥有的道德之人可谓活得长久；死而不亡者寿：即便是死了，如果其精神力量依然能够长存于世人心中而不消亡者，方才算得上真正的长寿。

译文

能了解别人的人可算得上聪明，而能有自知之明的人方才算得上明智；能战胜别人的人可算得上有力量，而能战胜自己弱点的人方才算得上强大。

对世俗欲望能够知足而不再追求的人，其内心所拥有的道德是富足的；能够顽强地遵循道德的人方才算得上有志之士；不会丢失内心所拥有的道德之人才能活得长久；即便是死了，如果其精神力量依然能够长存于世人心中而不消亡者，方才算得上真正的长寿。

【本章造物思想】

作为造物者，既应了解别人之所长，也应了解自己之所短，这就叫作"知人者智，自知者明"，只有知己知彼，才能博采众长、自成一家。在造物活动中，能战胜别人的虽然算是有力的，但"自胜者强"，只有能战胜世俗欲望的人方才算得上强大。作为造物者，也应在世俗追求面前尽早知足，并顽强地遵循道德信条，这样才能清空充满欲望的内心，专心致志地、心无旁骛地造物。

造物者一旦有所创造，就应知足，让道德修养变得更加丰厚；坚持遵循道家思想，不去胡乱造物，这样才能称得上有志气；造物者在心中应严守道德，只有这样才能长久屹立于人世间；即便是死了，他的思想也能流芳后世，这就叫作"死而不亡者寿"。

三
十
四
章

【章旨串讲】道能成就伟大

老子称道为"大道"。那么,道何以伟大? 因为道能流布天下、生长万物、"衣养万物",并让万物归附之,但却不自视伟大,即使有人称它为渺小的,它也不在意,它的这些品德便是其伟大之处。而老子之所以喜欢在道前面加个"大"字,便是这个道理。

原文

大道泛兮,其可左右①。万物恃之以生而不辞,功成而不有;衣养万物而不为主,常无欲,可名于小;万物归焉而不为主,可名于大②。

以其终不自为大③,故能成其大。

注释

①泛兮:广泛地流行于天下啊;其可左右:它可左可右。

②不辞:不推辞,不辞辛苦;不有:不占有;衣养:养育;不为主:不主宰;常无欲:总是那样无欲;可名于小:可称为渺小的;可名于大:可称为伟大的。

③终不自为大:自始至终都不自认为伟大。

译文

大道广泛地流行于天下,它既可向左,也可向右,到处流布。万物都依赖它而生长,而它却不辞辛苦,在大功告成之后不占有万物;它养育万物,却不主宰万物;它总是那样毫无私欲,可称为渺小的;万物都归附它,它却不主宰万物,因而又可被称为伟大的。

由于它自始至终都不自认为伟大,故而能够成就其伟大。

【本章造物思想】

道之所以能够成为万物之造物主,就在于它无私奉献,不求功名。那么,作为现实生活中的造物者,也应该向道学习,做到无私奉献,不求功名地造物,只有这样,方才称得上现实生活中伟大的造物者。

而由于大道是无边无际的,它遍布上下左右等无限空间,在这无限空间中,万物被大道创造出来,并依赖大道而生存,依赖大道而得以养护,因此,大道应该是最伟大的造物者,但它却没有任何私欲,也从不骄傲自大,这些品质值得其他的造物者学习。

【章旨串讲】得大道者得天下

在老子看来,大道的作用好比音乐和美食那样,能使过客留步;虽然大道平淡无味,既看不见,也摸不着,但其作用却无穷无尽。而在众多的统治者中,谁若是掌握了大道,那天下人都会投靠他,天下人都能过上和平安泰的好日子。

原文

执大象,天下往①。往而不害,安平太②。

乐与饵,过客止③。道之出口,淡乎其无味,视之不足见,听之不足闻,用之不足既④。

注释

①执大象:执掌道这个最伟大的形象(东西);天下往:天下人都会前往。

②往而不害:前往之后不会受到伤害;安平太:安宁太平。

③乐与饵:音乐和美食;止:留步,停下来。

④道之出口:道被说出口;淡乎其无味:淡然无味;足见:足以被看见;足闻:足以被听到;足既:足以达到无穷无尽的地步。

译文

在统治者之中,如果有谁执掌着道这个最伟大的形象(东西),那么天下人都会去他的国度生存,去了之后,不但不会受到伤害,而且能够得到太平安宁。

道就像音乐和美食一样,能使过客留步;道被说出口,虽然淡然无味,既看不见,也听不到,但却有着用之不尽的好处。

【本章造物思想】

在老子看来,"大象"可视为道在形态上的别名;而在所有的物象之中,最伟大的便是道,谁要是掌握了道,便可形象地称为"执大象"。故此可知,悟道之圣人执掌着大道,不恣意妄为,而是虚静无为,因而天下的造物者都乐意前往他治下的国土,而且去了他的国土之后,便能够得到安宁和太平。

一般情况下,醉人的音乐和美食能让过客停下脚步;而能让天下的造物者停下脚步的则只有道。从味觉上来说,它淡得没有任何滋味;从视觉上来说,它微小得根本看不见;从听觉上来说,它轻得没有任何声音;但这些性状特征并不影响它的吸引力,它依然能让天下人乐意前往,因为它让人一辈子享用不尽。像这样的"大象"才是人们真正应该拥有的。

【章旨串讲】柔弱胜刚强

老子善于逆向思维。比如想要收敛某个东西,应该怎么办?常人会说,赶紧收敛它啊;老子则说,先扩张它吧!若要削弱某个东西,应该怎么办?常人会说,赶紧削弱它啊;老子则说,先增强它吧!若要废弃某个东西,应该怎么办?常人会说,赶紧废弃它啊;老子则说,先抬举它吧!若要夺取某个东西,应该怎么办?常人会说,赶紧夺取它啊;老子则说,先给予它吧!又比如说,柔弱和刚强相遇,哪个会赢?常人会说,刚强者肯定战胜柔弱者啊;老子则说,柔弱者一定会战胜刚强者的。再比如说,如果百姓不听话,应该怎么办?常人会说,赶紧强化国家的刑法禁令啊;老子则说,赶紧无为而治吧!

原文

将欲歙之,必固张之;将欲弱之,必固强之;将欲废之,必固兴之;将欲取之,必固与之①。是谓微明,柔弱胜刚强②。

鱼不可脱于渊,国之利器不可以示人③。

注释

①歙：音 xī，收敛；固：先；张：扩张；与：给，给予。

②微明：微妙而深不可测的聪明。

③国之利器：此处指国家的刑法禁令等吓唬老百姓的"利器"。

译文

将要收敛它，必先扩张它；将要削弱它，必先强壮它；将要废弃它，必先兴旺它；将要夺取它，必先给予它。这些做法可谓微妙而深不可测的聪明，其理据就在于柔弱能够战胜刚强。

就像鱼儿不可脱离深渊一样，国家的刑法禁令等吓唬老百姓的"利器"是不可以拿出来的，因此，唯有"无为而治"方为正道。

【本章造物思想】

老子将刑法禁令比喻为"国之利器"，并认为君主不应拿"国之利器"来伤害百姓。有些东西在造出来之后，不可轻易使用它，因为一旦使用它，百姓将要遭殃，所以有些东西被造出来之后，只应用来警示世人。因此，"造之而不用之"确实为一种上佳的造物理念。

在造物过程中也应遵循辩证法，比如想要缩小某个东西，就要用特殊的仪器先将它的图像放大；想要使某个东西变脆弱，就要先将它变坚硬；想要清理掉某个东西，就要想方设法把它触发出来；要想取得某个东西，就要用某些诱饵诱发它上钩，以便逮住它。这就说明，造物之际必须运用"柔弱胜刚强"之辩证法，来达到最佳的创作状态。

【章旨串讲】无为而无不为

老子为何要求君主无为而治呢？因为在他看来,道一直都是无为的,它不干涉万事万物,能让万事万物各得其所。如果君主能守道,治国时能坚持无为而治,那么百姓就能各得其所,安然度过一生。倘若百姓兴起了多余的欲望,君主也应教导百姓以无欲之道去压制多余的欲望,慢慢地百姓也就没有多余的欲望了,随即安静下来了,这样一来,天下也就太平了。

原文

道常无为而无不为①。侯王若能守之,万物将自化②。化而欲作,吾将镇之以无名之朴;镇之以无名之朴,夫将不欲③。不欲以静,天下将自定④。

注释

①常:总是;而:却。

②自化:自我变化,自我生长。

③化而欲作:在化生的过程中,如果有多余的欲望泛起;镇:镇住,镇服;无名之朴:此处指"道"这个无名之朴;夫将不欲:就不会

有多余的欲望。

④不欲以静：不起贪欲而归于安静；自定：自然而然地安定。

译文

道总是那样无为，但却没有它做不成的事。王侯们如果能守道，万物将自我化生。在化生过程中，如果百姓有多余的欲望泛起，那我作为王侯将用无名而朴素的道来镇住百姓，那样一来，百姓也就不再有多余的欲望泛起了。百姓不再泛起多余的欲望，就会安静下来，这样一来，天下将会自然而然地安定下来。

【本章造物思想】

在老子的造物观念中，道这块"朴"虽然无法准确命名，但却是镇住多余的欲望之最佳器物。由此可知，天然的物件才是最好的，比如道；物件的名称并不重要，重要的是它的功能和作用究竟有多大，比如"道"应该叫什么名称并不重要，重要的是它能压制一切多余的欲望。

而道在创造出天地万物之后，就对它们不再作为，但奇妙的是，万物却保存得非常好，这就叫作"道常无为而无不为"。因此，作为管理者的侯王也应守道，让万物以及百姓自我演化，这样天下就能自行安定，从而达到"无为而无不为"的理想境界。

三十八章

【章旨串讲】上德之人合于道

老子将合于道者称为上德之人。他将上德与下德（低档次的德）、上仁、上义、上礼等放在一起进行比较：（1）上德，上德不德（不像是有德之人），是以有德（却有德合于道）；（2）下德，下德不失德（不缺失关爱他人之德），是以无德（却没有合乎道之德）；（3）上仁，上仁为之（在仁爱方面有所作为），而无以为（不是故意来表现出仁）；（4）上义，上义为之（在守义方面有所作为），而有以为（却是故意去表现出义）；（5）上礼，上礼为之（在守礼方面有所作为），而莫之应（却没有一个人响应他）。最后，老子得出结论：上德最好，上礼最差！由此可见，礼是忠信不足的产物，是祸乱之源。那么，该怎么办呢？应抛弃下德、上仁、上义和上礼，追求上德（做到虚静无欲）。

原文

上德不德，是以有德；下德不失德，是以无德①。上德无为而无以为；下德无为而有以为。上仁为之而无以为；上义为之而有以为。上礼为之而莫之应，则攘臂而扔之②。

故失道而后德，失德而后仁，失仁而后义，失义而后礼。夫礼者,忠信之薄,而乱之首③。

前识者,道之华,而愚之始④。是以大丈夫处其厚,不居其薄;处其实,不居其华。故去彼取此⑤。

注释

①不德:不固守世俗的道德;不失德:不失守世俗的道德。

②无以为:无心作为,真正无为;莫之应:无人响应;攘臂而扔之:伸出胳膊,强行拉拽别人。

③失道而后德:失去了道以后,退而求其次地寻求德;薄:浇薄,不足;首:开始,根源。

④前识:先见之明;华:花,此处意为虚华。

⑤处其厚:处于其厚实处;不居其薄:不居于其浇薄处;处其实:处于其朴实处;不居其华:不居于其虚华处;去彼取此:此处意指去掉那些虚华的,采用这些厚实的。

译文

上德之人不固守世俗之道德,因而是真正的有德之人;下德之人从不失守世俗之道德,因而不是真正的有德之人。上德之人有无为之心且真正无为;下德之人标榜无为却心有所为。上仁之人虽无心为之却达到了仁之境界;上义之人有心为之且有所作为。上礼之人有心为之(去实践礼的境界)却无人响应,只好伸出胳膊,强行拉拽别人一同去实践礼的境界。

所以,失去了道的人退而求其次去寻求德,失去德的人退而求其次去寻求仁,失去仁的人退而求其次去寻求义,失去义的人退而求其次去寻求礼。由此可见,礼是忠信不足的产物,是社会祸乱的根源。

所谓的先见之明只是徒有道之虚华而已,其实是愚昧的开始。因此,大丈夫居于道德的厚实处,而不居其浇薄处;居于道德的朴实处,而不居其虚华处。所以他能去掉那些虚华的心态,而拥有这些朴实的心态。

【本章造物思想】

在老子看来,"无为而无以为"之人方才拥有上德,拥有上德之人方谓大丈夫。同理,要想成为最上等的造物者,也应做到"无为而无以为",亦即从内到外都不刻意造作,而是让各种物自然天成,然后,在无意之中发现这些自然天成的物就可以了。所以,那些人工培育的、人为制造的物比起自然天成的物来,实在是差远了。

这种道家的造物观与儒家完全不同,儒家是以"德、仁、义、礼"而有为(相当于造物)的;道家只是守道(无为之道,即不从事任何人为的造物活动),但却是最明智的坚守。因此,当儒家造物者在失道之后守着德,失德之后守着仁,失仁之后守着礼,失礼之后强行拉着别人一同去造物的举止,在道家人物的眼里便是愚昧冲动的开启。因此,道家人物几乎不造物,不创作,不从事任何有损于心灵安宁的活动。

三十九章

【章旨串讲】得道则宁，失道则乱

老子有时从数量的唯一性上将"道"称为"一"。他认为万事万物得道则宁,失道乱。比如天得道则清明,失道则崩裂;地得道则安宁,失道则震动或崩塌;天神得道则能显灵,失道则无法显灵;川谷得道则能充盈,失道则干涸;万物得道则能生长,失道则面临灭绝;君主得道则能成首领,失道则将被颠覆。因此,君主应懂得"贱为贵之根本,低为高之依靠"的道理,主动居于低贱的、卑下的位置(亦即做人民的公仆),只有这样,才能获得最高的赞誉;君主不应寻求被百姓夸赞为有才有德的"美玉",而应做守护百姓并让百姓拥有虚静无欲心态的"坚石"。

原文

昔之得一者,天得一以清;地得一以宁;神得一以灵;谷得一以盈,万物得一以生;侯王得一以为天下正①。

其致之也,谓天无以清,将恐裂;地无以宁,将恐废;神无以灵,将恐歇;谷无以盈,将恐竭;万物无以生,将恐灭;侯王无以正,将恐蹶②。

故贵以贱为本,高以下为基③。是以侯王自称孤、寡、不谷④。

此非以贱为本邪? 非乎? 故至誉无誉⑤。是故不欲琭琭如玉,珞珞如石⑥。

注释

①一:指"道";灵:有灵性;盈:盈满;正:安定。

②致之:推而言之;废:荒废;歇:消歇;竭:干涸;蹶:音 jué,跌倒。

③基:基础。

④不谷:不善,谦称。

⑤至誉无誉:最高的赞誉就是没有赞誉。

⑥琭琭:稀少,珍贵;珞珞:坚硬,刚正。

译文

以前凡是得到号称"唯一"之道的都有好结果:天因得道而清明,地因得道而安宁,神因得道而有灵,川谷因得道而盈满,万物因得道而生长,侯王因得道而使天下安定。

推而言之,天要是不清明,恐将开裂;地要是不安宁,恐将荒废;神要是不显灵,恐将消歇其灵性;川谷要是不充盈,恐将干涸;万物要是不生长,恐将灭绝;侯王要是不清正,恐将跌下高位。

所以高贵是以低贱为根本的,高处是以低处为基础的。因此,侯王总是自称"孤、寡、不谷",这难道不是因为他们必须以低贱之民为根本吗?不是这样的吗?所以说,最高的赞誉就是没有赞誉。因此,侯王不想让百姓赞其为珍贵的玉,而想让百姓赞其为坚硬的石。

【本章造物思想】

"是故不欲琭琭如玉,珞珞如石。"在老子看来,有道者不应做美丽而珍贵的玉,而应做拙朴但却有用的石。由此可见,老子认为天然的物更有用,人为造作的物虽然外表华美,但却没有什么用。

而作为伟大的造物主,"道"就是天地间唯一应该学习借鉴的榜样:天向它学习,就变得清明了;地向它学习,就变得安宁了;神向它学习,就变得有灵了;川谷向它学习,就变得充盈了;万物向它学习,就得以生机勃勃;侯王向它学习,就使天下得以安定。

道看似很低贱,看似很卑下,但它却是现实世界中高贵的侯王学习的对象。侯王向它学习,也自称为"孤、寡、不谷",而且也想像它一样,保持朴素而未曾雕琢的形态,亦即不想当被精雕细琢的玉,而想当未曾被雕琢的石。

【章旨串讲】反者道之动

老子认为道的终极规律是"无中生有,有归于无",亦即"无→有→无"是万物变化发展的终极规律,其原因在于"反者道之动",也就是说,万物必将返归无,这是由道的运动规律所决定的。因此,假若万物尚且处于柔弱的状态,那道将让其逐渐变得刚强,而万物一旦刚强了,则无法回归柔弱的状态,只好逐渐迈向死亡。故此可知,在柔弱的状态下,道会继续让万物生机勃勃,这便是道的潜在作用之体现。

原文

反者道之动,弱者道之用①。

天下万物生于有,有生于无。

注释

①反:循环往复;动:运动;弱:柔弱;用:作用,应用。

译文

循环往复是道的运动规律,追求柔弱是对道的恰当应用。

天下万物生于有形的元气,而有形的元气则生于无形的道。

【本章造物思想】

"天下万物生于有,有生于无。"本章是老子"道生万物"理念的精练概括。无形的道能衍化为有形的元气,有形的元气又在后续运动中分化为阴阳二气,阴阳二气又磨合为和气,万物便在和气中诞生,并在阴阳二气的影响下由生到死。因此,道生万物,万物则出生入死;万物走向死亡,回归于无的现象正好说明了"反者道之动",亦即道的运动规律就是从无到有,又从生到死,复归于无。这便是道生万物的平衡规则:如果只有生而没有死,那天地之间就无法承载这些物;如果只有死而没有生,那便没有天地以及天地之间各种神奇的生物,宇宙的存在便毫无意义。

从造物的角度来讲,道创造万物,万物由生到死,从有到无,因此,"无→有→无",便是宇宙间"反者道之动"的运行三部曲。

【章旨串讲】道非常人所能领悟

常人是不能领悟老子的道的。因为常人把光明的道看成是黑暗的;把前进的道看成是倒退的;把平坦的道看成是崎岖的;把崇高的得道(即有德)看成是掉进深谷的;把广大的得道看成是微不足道的;把刚健的得道看成是懈怠懒惰的;把质朴的得道看成是混沌未开的。因此,在常人的眼里,最洁白的好像含有污垢;最大的方正好像没有棱角,最贵重的宝贝好像总做不成,最美妙的声音好像总发不出音来,最壮观的形象好像根本没有形象。

道就是这样隐藏起来,不为常人所发觉,但只有道才能帮助万事万物完成其生命历程。故而学习并领悟道的人可以分为三个档次:高级的悟道者,闻道之后会勤勉地恪守它;中级的悟道者,闻道之后会将信将疑地实践它;低级的悟道者,闻道之后会大声地嘲笑它。而这就是道,倘若不被低级的悟道者(或常人)所嘲笑,那它就不是幽隐不见的、不为常人所领悟的道了。

原文

上士闻道,勤而行之;中士闻道,若存若亡;下士闻道,大笑之。不笑不足以为道①!

故建言有之：明道若昧，进道若退，夷道若颣；上德若谷，广德若不足，建德若偷；质真若渝，大白若辱，大方无隅，大器晚成，大音希声，大象无形②。

道隐无名。夫唯道，善贷且成③。

注释

①上士：上等慧根的人；闻道：听闻道；若存若亡：此处指有时候践行它，有时候却没有践行它；大笑之：大声地嘲笑它。

②建言：立言；昧：黑暗的；夷：平坦的；颣：音 lèi，崎岖的；谷：此处意为空无的；广：广大的；建德：刚健的德；偷：偷懒的；质真若渝：纯真的品质好像是充满污垢的；大白若辱：最洁白的好像含有污点；大方无隅：最方正的好像没有棱角；大器晚成：最珍贵的器物总是最晚制成；大音希声：最美妙的声音却没有声响；大象无形：最伟大的物象反而没有具体的形体。

③隐：隐藏；贷：辅助，帮助；成：成就。

译文

就悟道的层面而言，上等慧根之人听闻道之后，会勤勉地践行它；中等慧根之人听闻道之后将信将疑，有时候会践行它，有时候却没有践行它；下等慧根之人听闻道之后，会大声地嘲笑它。不被下等慧根之人嘲笑，它就不足以成为伟大的道。

因此，古时候立道家之言者说过以下这些话：光明的道好像是黑暗的，前进的道好像是后退的，平坦的道好像是崎岖的；上等的德好像是空无的，广大的德好像是不足的，刚健的德好像是偷懒的；纯真的品质好像是充满污垢的，最洁白的好像含有污点，最方正的好像没有棱角，最珍贵的器物总是最晚制成，最美妙的声音却没有声响,最伟大的物象反而没有具体的形体。

　　道总是隐而不见,它没有名气。但只有道才善于辅助并成就
万物。

【本章造物思想】

　　"大象无形",最伟大的物象反而没有具体的形体。这个最伟
大的物象便是道,而道则没有具体的形体。"大器晚成",最珍贵的
器物总是最晚制成。因此,在制造最珍贵的器物之际,必须精心思
考,反复雕琢,不能简单草率,粗制滥造。"质真若渝",纯真的品质
好像是充满污垢的。因此,在挑选材料时往往不能只看外表,因为
有的外表看起来像是充满污垢的,但其内在的品质却是极好的。
比如玉石就是这样,其外表有一层风化了的各色皮壳,但在其貌不
扬的外表之下,却藏着温润光洁的美玉。

　　在现实造物生活中,造物者形形色色,有的是悟道的上佳之
士,他时刻遵循道的规律去生活,有的是悟道之中等人士,他有时
遵循道的规律去生活,有的又没有遵循道的规律去生活,有的是难
以悟道的下等人士,他只会大声地取笑道,而根本不按道的规律去
生活。为什么会被下等人士取笑呢?因为道在普通造物者眼里其
真正面目很难被识别,道是光明的,在普通人眼里却是黑暗的;道
是向前的,在普通人眼里却是后退的;道是平坦的,在普通人眼里
却是坎坷不平的。如果把道比作一个物件(或作品)的话,它的质
料是纯真的,在普通人看来却是充满瑕疵的;它的颜色是洁白的,
在普通人看来却是布满污点的;它的棱角是最方正的,在普通人看
来却是没有棱角的;它是一件伟大的器物,在普通人看来却是没有
完成的半成品;它的声音是最美的,在普通人听来却是无声的;它
的形象是最壮观的,在普通人看来却是没有形状的。正因为它不
被普通的下等人士了解,所以它在普通人看来是不怎么好的,而在

真正了解的上等人士看来它是世界上最好的作品。因此，从造物的角度来看，真正伟大的作品是很难被普通人看好的。

【章旨串讲】道生万物

老子认为万物都是"无中生有"的，即由无形的道（像是不可见的"0"）变成有形的混沌物，而混沌物又变成了类似于"+1"的阳性物质与类似于"−1"的阴性物质，而各种具有"+1"（或"−1"）性质的物质又互相化合，生成具有中和性质的物质（像是可见的、具体的、细小的"0"），由此万物便诞生了。因此，知道万物都是无中生有的道理，就不会讨厌类似于"−1"的称呼了（比如孤家寡人等），也不会担心增加或减少（因为万物都是可见的"0"，增加或减少只是物质在某一阶段的状态显示）。即便是那些正值状态特别充盈的人（比如强暴的人），也终究会走向灭亡。因为外界环境会将该物的正负值逐渐中和，最终变成毫无生机活力的"0"（即死亡或灭亡），因此，没有任何东西是可怕的，也没有任何东西是值得得意的。

原文

道生一，一生二，二生三，三生万物。万物负阴而抱阳，冲气以为和①。

人之所恶，唯孤、寡、不谷，而王公以为称②。故物或损之而益，或益之而损③。

人之所教，我亦教之。强梁者不得其死，吾将以为教父④。

注释

①一：混沌一体的物质，此处指"元气"；二：两种相反相成的物质，此处指"阴气，阳气"；三：由两种相辅相成的物质生成的第三种物质，此处指"和气"；负阴而抱阳：背阴而向阳，此处指"生活在阴阳二气之中"；冲气以为和：阴阳二气磨合而成和气。

②所恶：所厌恶的；以为称：用作称呼。

③或：此处意为"有时"；益：增益。

④强梁者：强横凶暴的人；教父：此处意指"……理念的创始人"。

译文

无形的道能生出有形的元气，有形的元气分化为阴阳二气，阴阳二气相互磨合，又生出了第三种气——和气，和气则生出了万物。因此，万物都活在阴阳二气之中，都是由阴阳二气磨合而成的和气滋生出来的。

人们所厌恶的称呼有"孤、寡、不谷"，可王公君主们却自称"孤、寡、不谷"。所以事物就是这样，你有时减损它，却能使它增加；你有时增加它，却使它减少了。

别人教导我的道理，我也拿来教导他人，此道理即"强横凶暴之人不得善终"。看来，我将成为宣扬"强梁者不得其死"理念的教父了。

【本章造物思想】

"道生一,一生二,二生三,三生万物。万物负阴而抱阳,冲气以为和。"在本章中,老子向我们简洁地介绍了道生万物的过程:"道→一→二→三→万物"。其中,"道"是无形的"一"(一种物质),"一"是有形的道(即道的一种显现状态,我们称之为元气状态),"二"是"一"分化出来的两种矛盾对立状态(即元气分化为阴气和阳气),"三"是"二"部分磨合而成的状态(即一部分阴气和一部分阳气磨合而成和气),"万物"是"三"的各种细碎部分衍化而成的各种物质。因此,"万物负阴而抱阳,冲气以为和",万物都活在阴气和阳气的作用之中,都含有和气(这和气是由阴阳二气磨合而成的)。因此,由万物组成的宇宙看似纷纭复杂,但道生万物的造物原理却路线清晰,并不复杂。

作为现实生活中的造物者,要耐得住孤独,即使成为"孤、寡、不谷"也没什么,因为孤独可以让一个人静下心来独立思考;同时要减损欲望,因为欲望越少则自由(包括时间和精力方面的)越多,欲望越多则自由越少;另外,不能恃才傲物,因为强横者将不得善终。

119

四十三章

【章旨串讲】无为是有益的

老子认为,道虽然像水一样柔弱,但能支配一切坚强的东西;它虽然像气一样无形,但可充溢于任何紧密的物之中;虽然它从不发号施令,总是无为,但却没有任何力量像它一样无所不能。因此,从表面上看,道是柔弱的、无形的、无为的,实际上却是无所不能的。

原文

天下之至柔,驰骋天下之至坚;无有入无间;吾是以知无为之有益①。

不言之教,无为之益,天下希及之②。

注释

①至柔:最柔弱的;驰骋:穿行于;至坚:最坚强的;无有:没有形体的东西;无间:没有间隙的东西;有益:好处。

②不言之教:不用发号施令的教化;希及之:很少能做得到这些。

译文

天下最柔弱的能穿行于天下最坚强的之中；没有体积的东西能钻入没有间隙的东西之中；我因此而知道无为的好处。

不言之教导，无为之好处，这两者都是极好的，但天下很少有人能做到（不言、无为）。

【本章造物思想】

"无有入无间"，没有体积的东西能够钻入没有间隙的东西之中。比如建造了一堵墙，但射线可以穿透墙壁；即使建造了铜墙铁壁，仍有温度或者波可以穿透之。因此，在造物时，可把没有体积的东西加入到结构紧密的物体或产品之中，使之增加特别的属性。

当然，在老子的造物理念中，作为造物者的管理者应该意志柔弱，没有多余的欲望；应该无所作为，不去瞎指挥；应该给造物者充分的自由，不做任何干涉；只有这样，才能管理好造物者。

四十四章

【章旨串讲】做人须知足

老子认为，做人须知足，只要能保护好生命和健康就够了。那些名、利以及各种贪欲都是身外之物，都会伤害生命和健康。因此，千万不要爱惜名利，不要一味地满足贪欲，否则只会耗损生命，损害健康，以至于不能长久平安。

原文

名与身孰亲？身与货孰多？得与亡孰病①？

甚爱必大费，多藏必厚亡②。

故知足不辱，知止不殆，可以长久③。

注释

①身：生命；亲：可亲的；货：财富；多：价值更多，更贵重；亡：失去；病：有害。

②甚爱：过分地喜爱；大费：付出更多的代价；多藏：收藏得越多；厚亡：损失得越加惨重。

③不辱：不会受到屈辱；知止不殆：知道适可而止就不会遭遇危险。

译文

名声与生命相比,哪一样更可亲?生命与财富相比,哪一样更贵重?得到与失去相比,哪一样更有害?

过分地喜爱,必定付出更多的代价;收藏得越多,必定损失得越加惨重。

所以,知道满足就不会受到屈辱,知道适可而止就不会遭遇危险,就可以长久存活于人世。

【本章造物思想】

"甚爱必大费,多藏必厚亡",过于爱惜必定花费更多,过多收藏必定损失惨重。因此,在造物时,倘若过于爱惜其中的某一部分或者某种风格,必定要花费更多的成本,进而影响所造之物的性价比。我们也没必要收藏过多,尤其不能超过自己的承受力而过度收藏,因为那极有可能损害你的生活、工作和家庭,甚至导致倾家荡产、血本无归。因此,无论是造物还是收藏,都应适可而止,"知足不辱"。

对于造物者而言,贪图虚名是会伤害性命的,贪图钱财同样会伤害性命,切忌为了名利去造物,得到的名利越多,则失去的生命和自由也越多。因此,造物者应该懂得知足,知足了就会得到更多的尊严和寿命。

四十五章

【章旨串讲】以道为师

老子认为,道是最完美、最充盈、最正直、最灵巧、最卓越的,但在常人看来,它却像是有欠缺的、空虚的、弯曲的、笨拙的、木讷的。这便是道不为常人所理解的地方。但治国之圣人却应以道为师,内心清静,恪守无为而治之道,以求天下大治。

原文

大成若缺,其用不弊;大盈若冲,其用不穷①。大直若屈,大巧若拙,大辩若讷②。

躁胜寒,静胜热③。清静为天下正④。

注释

①大成若缺:最伟大的成就却好像有所欠缺;弊:衰落,衰竭;大盈若冲:最充盈的却好像是空虚的;穷:穷尽。

②大直若屈:最直的却好像是弯曲的;大巧若拙:最灵巧的却好像是笨拙的;大辩若讷:最善辩的却好像是木讷的。

③躁胜寒:躁动可以战胜寒冷;静胜热:安静能够战胜炎热。

④正:正道。

译文

最伟大的成就却好像有所欠缺,但它的作用却永不衰竭;最充盈的却好像是空虚的,但它的作用却永无穷尽。最直的却好像是弯曲的,最灵巧的却好像是笨拙的,最善辩的却好像是木讷的。

躁动可以战胜寒冷,安静能够战胜炎热。清静无为是治理天下之正道。

【本章造物思想】

"大成若缺,其用不弊;大盈若冲,其用不穷。"从造物的角度来看,最伟大的成就乃是造出了最为完满之物,如果能造出来,其最佳的示范效用、神奇的引领效用将永不衰竭;最充盈的却好像很空虚,因为充盈于物之中的是某些理念、气势、力量、品味、情趣等,故而其审美效用与实际使用效果是不会穷尽的。

"大巧若拙",最灵巧的东西好像是笨拙的。比如很多傻瓜型产品其实蕴含着最为先进的技术与设计理念,是最为人性化的产品。因此,最精巧的产品其实不是最复杂的产品,也不是使用时最需要考验智商的产品,而是那种能满足"最傻之人"需求的产品。

作为造物者,不能出风头、争强好胜,因为"大直若屈,大辩若讷",最能伸张自己的人好像总是在委屈着自己,最能言善辩的人好像说话总是木讷的;而应静下心来悟道,因为"躁胜寒,静胜热。清静为天下正"。

125

四
十
六
章

【章旨串讲】君主知足可使天下有道

老子认为,作为君主更应知足寡欲,不能无休止地贪求土地和人民,不能发动战争以掠夺别国,不要觊觎别国的土地和人民。只有这样,君主才能在清静无欲中获得满足。

原文

天下有道,却走马以粪;天下无道,戎马生于郊①。

祸莫大于不知足,咎莫大于欲得②。故知足之足,常足矣③。

注释

①却走马以粪:把战马退还给百姓,让百姓牵马去耕种;戎马生于郊:怀胎的战马在战地的郊野生下小马驹。

②祸:祸患;咎:罪过;欲得:贪得无厌。

③知足之足:满足于自己晓得满足;常足:永远满足。

译文

天下有道的话,就会把战马退还给百姓,让百姓牵马去耕种;

天下无道的话,连怀胎的母马也要上战场,以至于母马把小马驹生于战场之郊野。

对于君主而言,祸患没有比不知足更大的了;罪过没有比贪得无厌更深重的了。所以懂得知足的人永远能满足。

【本章造物思想】

"祸莫大于不知足,咎莫大于欲得",对于造物者而言,如果贪求造物之外的钱财、美色、声名,那将带来无穷的灾祸和深重的罪过。只有那些不慕荣利、淡泊名利的人方能真正懂得造物之道。只有在钱财、美色、声名等方面懂得知足的人,才能真正从造物之中获得高雅的满足。

而作为造物者的管理者,统治者同样应该悟道,悟道之后,则"天下有道,却走马以粪",百姓安居乐业;若统治者未能悟道,则"天下无道,戎马生于郊",民不聊生;统治者应该知足,不能有任何贪欲,只有知足才能永远获得心理满足。

四十七章

【章旨串讲】天道自然，人道无为

老子认为，"道法自然"。天道纯任自然，它不会干涉万事万物的生老病死。而向道学习的人也应像道一样自然无为，在虚静无欲中悟道。因此，悟道者只有"足不出户"（虚静无为），才能知道天下之规律，明白天道自然无为之道理。如果让内心的欲望蹦出来，则没有心思去领悟和听从天道，而只会逐欲享乐。相应地，治国之圣人（即君主）若能做到虚静无欲，便可施行无为而治之方略，成为最为明智的、最成功的君主。

原文

不出户，知天下；不窥牖，见天道①。其出弥远，其知弥少②。是以圣人不行而知，不见而明，不为而成③。

注释

①窥牖：窥探窗户外面；见天道：发现天道。

②弥：越加，更加。

③不行而知：不出行而推知事理；不见而明：不窥见而能知晓；不为而成：不作为而能有所成就。

译文

足不出户，便能知晓天下之事理；不窥探窗外，却能发现天道因循自然之规律。而若让欲望向外奔逐得越远，则他所知晓的天道越少。

治国之圣人由于虚静无欲，治国时又无为而治，故而能够不出行而推知事理，不窥见外面的世界而知晓天道运行之规律，不作为而能有所成就。

【本章造物思想】

"圣人不行而知，不见而明，不为而成。"如果在造物过程中亦能如此的话，那"圣人"肯定是掌握了造物之道，亦即造物者能够虚静无欲，造物时顺物自然，造物成功之后功成身退。若能如此，那造物者便可不出行而推知事理，不窥见外面的世界而知晓天道，不作为而能有所成就。这其中的"不为而成"就是不人为造作，只是顺物自然地发现了道所创造的天然之物而已。

作为造物者，应该明白，你的知识不是靠外出学习就能获得的，而是靠悟道而获得的，只要虚心悟道，就能明白最需要掌握的知识，那就是"天道无为"。因此，不能人为地造物，而应顺应天道，虚静无为，去发现天然的可用之物，只有这样，才能"不为而成"。

【章旨串讲】学道无为，可得天下

老子认为，不要去学习和了解那些助你追逐欲望的东西，而应该虚静无欲，向道学习，减少对各种欲望的追逐，最后做到无为（亦即没有任何多余的欲望，不做任何损害生命和健康的事）。尤其是治国之君主更应约束自己，以无为而治天下，方可得天下；若有为（亦即乱发号施令、干扰百姓）而欲治天下，则无法治理好天下。

原文

为学日益，为道日损，损之又损，以至于无为①。

无为而无不为②。取天下常以无事，及其有事，不足以取天下③。

注释

①为学日益：求学之人的文饰和情欲一天比一天增加；为道日损：求道之人的文饰和情欲一天比一天减少。

②无为而无不为：如果做到了无为，那就能无所不为。

③取天下：治理天下；常以无事：常常无所事事；有事：有事可做，有所作为。

译文

　　求学之人的文饰和情欲一天比一天增加；求道之人的文饰和情欲一天比一天减少，他把文饰和情欲减了又减，最终达到了无为的境界。如果做到了无为，那就能无所不为。治理天下者应常常以无所事事、无所作为为其心态，等到他想要有事可做、有所作为之际，便不能治理好天下。

【本章造物思想】

　　"为学日益，为道日损，损之又损，以至于无为。"作为造物者，你是想做一个满腹经纶、夸夸其谈、违背天道的人呢，还是想做一个没有知识成见、抛弃世俗传统、顺应天道的人呢？如果想做前者，那就去"为学"吧，了解那些世俗的造物方法和造物模式吧！如果想做后者，那就去"为道"吧，去减损自己的欲望，不人为造作，一切顺物自然吧！

　　因此，造物者应该"为道"，每天减损欲望，一直减损到无为的境地，到了这种境地，就可以得到你想得到任何物了（亦即去发现天然之物，而不必人为创作）。作为造物者的管理者，悟了道的圣人也是采取无为之策来管理天下的造物者的，他"取天下常以无事"，如果他强行干预造物者的生活和行为的话，那他就不能成为天下的造物者的统领了，此即"及其有事，不足以取天下"之理也。

【章旨串讲】圣人无私心

老子认为,治国之圣人没有私心,不会为满足自己的欲望而有任何谋划,也不会偏私于任何人,不管是善者还是不善者,是守信者还是不守信者,他都一视同仁。而且,治国之圣人不但自己没有私心,还想方设法让天下百姓纯朴无欲,让百姓像孩子一样天真,且不懂得使用智巧。

原文

圣人常无心,以百姓之心为心①。

善者,吾善之;不善者,吾亦善之,德善②。信者,吾信之;不信者,吾亦信之,德信③。

圣人在天下歙歙焉,为天下浑其心④。百姓皆注其耳目,圣人皆孩之⑤。

注释

①常无心:总是没有私心;以百姓之心为心:总是依据百姓的想法来思考问题。

②善之:善待他;德善:有德之人的善良。

③信之：信任他；德信：有德之人的诚信。

④在天下歙歙焉：治理天下时总是收敛私欲；为天下浑其心：使天下之人心思浑朴。

⑤注其耳目：关注耳目之欲；孩之：使他像孩子一样。

译文

圣人总是没有私心，他依据百姓的想法来思考问题。

圣人对待百姓一视同仁：善良的人，圣人善待他，不善良的人，圣人同样善待他，这便是有德之人的善良；守诚信者，圣人相信他，不守诚信者，圣人同样相信他，这便是有德之人的诚信。

圣人治理天下时总是收敛私欲，使天下之人心思浑朴。当百姓都关注耳目之欲时，圣人便设法使他们像孩子一样纯朴无欲。

【本章造物思想】

"圣人常无心，以百姓之心为心……百姓皆注其耳目，圣人皆孩之。"圣人没有自己的私欲，总是为百姓着想，当他发现百姓都关注耳目之欲时，便想方设法使百姓像孩子一样纯朴无欲。不管是什么样的百姓，圣人都对他善良、讲信用，此即"善者，吾善之；不善者，吾亦善之，德善。信者，吾信之；不信者，吾亦信之，德信"之义也。而最大的善良和讲信用就是使得天下百姓收敛欲望，无私无欲，像孩子一样单纯地活着，此即"圣人在天下歙歙焉，为天下浑其心。百姓皆注其耳目，圣人皆孩之"之义也。

同理，作为造物者也应向圣人学习，不为满足自己的名利或欲念而胡乱造物，而是从让百姓纯朴无欲的角度来思考如何造物，让造出来的物不但不会引发百姓的纵欲贪婪，反而可让百姓在使用了物之后变得更加纯朴无欲。

【章旨串讲】要懂得养生

老子认为,虽然人的终极结果是由出生走向死亡,但仍应懂得如何养生。除去30%的人天生长寿、30%的人天生短命以外,人的所作所为及其思想活动便成了能否长寿的关键:(1)纵欲享乐、极力满足生活欲望者,会减去30%的寿命长度(比如那些喜欢山珍海味、锦衣玉食、纵欲狂欢、娱乐刺激的人往往活不过84岁,亦即折损了正常寿命120岁的30%);(2)不要去险恶之地,不要去故意遭遇危险,比如不要去危险的地方探险,不要玩危险刺激的活动(比如徒手攀岩等),不要去战乱频繁的地方,不要抽烟酗酒吸毒、吃致病致癌食品,不要玩受虐游戏等,这些举动会缩短寿命,甚至直接导致死亡;(3)应虚静无欲,让精神处于极度放松的状态,无为无虑,让身体处于元气充足的状态,这样便能不断增加寿命,让自己变得越来越长寿(据说老子活了160岁,他增加了人的正常寿命120岁的三分之一,亦即120×4/3＝160)。

原文

出生入死[①]。

生之徒十有三;死之徒十有三;人之生,动之于死地亦十有三[②]。夫何故? 以其生生之厚[③]。

盖闻善摄生者,陆行不遇兕虎,入军不被甲兵;兕无所投其角,虎无所措其爪,兵无所容其刃④。夫何故? 以其无死地⑤。

注释

①出生入死:出于生而入于死,从生走向死。

②徒:一类的;十有三:十分之三;人之生:此处意为人类中属于长寿的;动之于死地:走向死亡之地。

③生生之厚:奉养生命时过于丰厚。

④摄生:养生;兕:音 sì,犀牛;被甲兵:受到兵甲的伤害;投其角:顶它的角;措其爪:用它的爪;兵无所容其刃:兵器没地方插入它的刃。

⑤无死地:没有要死亡之处。

译文

人这一辈子是从生走向死的。

人类之中属于长寿的占十分之三;属于短命的占十分之三;本来属于长寿但却迅速走向死亡的也占十分之三。为何第三类人会招致那样的后果呢? 因为他们奉养生命时过于丰厚。

据说善于养生的人(只占十分之一),在陆地上行走不会遇到犀牛和老虎,走入两军厮杀的阵地也不会受到兵甲的伤害:犀牛没地方顶其角,老虎没地用其爪,兵器没地方插其刃。这是什么原因呢? 因为他没有要死亡之处(他内心浑朴、无思无欲,没有人与物之区分,没有敌我之分,故而犀牛和老虎不想伤害他,拿着兵器的士兵也不想杀害他),所以犀牛、老虎和兵器都不会伤害他。

【本章造物思想】

善于养生的人不会过于丰厚地养生，不会走向死亡之地，亦即不贪求过度，不会错误地以为养生丰厚便可延年益寿，不会过分地满足生理与心理需求，因为他知道这样做（比如暴饮暴食、纵欲狂欢、迷恋贪求等）反倒会使人进入死亡之地。同理，善于造物的人也应如此，不能过度地造物，不能追求多多益善，不可因过度造物而折寿夭亡。毕竟造物只是生活的一小部分而已，不可过度迷恋之。

但是，很多造物者往往追求"生生之厚"，亦即过于追求养生物质的丰厚，他们拼命造物，拼命享受造物带来的财富和物质，这样反倒"动之于死地"了。因此，不管身处何地，都应该无为无欲，如此方可"无死地"。

【章旨串讲】道与德的力量是无穷的

老子认为,道是创造万事万物的根本力量和万事万物所应遵循的基本规律,德是对道的领悟与运用能力。万事万物都应听从道与德的召唤。掌握了道,有了德之后,万事万物就能回归生命的自然状态,人也能回归生命的自然状态,拥有最好的生长环境。而掌握了道,有了德之人便可称为"玄德之人"。

原文

道生之,德畜之,物形之,势成之①。是以万物莫不尊道而贵德②。道之尊、德之贵,夫莫之命而常自然③。

故道生之,德畜之,长之育之,亭之毒之,养之覆之④。生而不有,为而不恃,长而不宰,是谓玄德⑤。

注释

①道生之:道生化万物;德畜之:德畜养万物;物形之:万物都长出形体;势成之:环境成就万物的生命历程。

②贵德:以德为贵。

③莫之命:没有谁命令它;常自然:总是自然而然地。

④长之育之:使之生长发育;亭之毒之:使之成形成熟;养之覆之:滋养它、庇护它。

⑤生而不有:生化万物却不占为己有;为而不恃:兴发万物却不恃功自傲;长而不宰:生长养育万物却不主宰万物;玄德:自然无为的德性。

译文

道生化万物,德畜养万物,万物都长出形体,环境成就万物的生命历程。因此万物莫不尊崇道而以德为贵。道受到尊崇,德得以尊贵,这是没有谁命令万物这样做的,但道与德总是自然而然地受到尊崇、得到尊贵。

所以道生化万物,德畜养万物,这便使得万物生长发育,成形成熟,并得到滋养和庇护。道生化万物,德畜养万物,两者使万物生长,却不主宰万物,这便叫作自然无为的德性。

【本章造物思想】

"道生之,德畜之,物形之,势成之。"万物的生长与成熟靠的是道与德的生养呵护,"是以万物莫不尊道而贵德",因此,万物都遵守道、尊敬德。这里的"德"是"道"的化身,是"道"在现实生活中的具体运用。"势"是指周围的环境形势,是环境使万物得以成长。因此,现实生活中的造物者在对待物之际,不但要领悟道与德,而且要考虑物的周围环境与形势,只有这样才能做到"物尽其用"。因为"道"这个最伟大的造物主就是现实生活中的造物者的楷模,它生成万物,蓄养万物,使万物成形,使万物成就自己最壮观的形态;但它却从不占有万物,从不恃功自傲,从不主宰万物;它的这种"玄德"(即自然无为的德性)值得所有的造物者学习借鉴。

【章旨串讲】闭心守柔以悟道

老子认为,天下万物源于道,道是万物之母。只有得道了,才能了解万事万物的根本规律,养护好生命,才不会遇到各种危险。那么,怎样悟道呢？一方面要关闭滋生欲念的所有孔穴（包括眼睛、耳朵、舌头、鼻子、皮肤等感觉器官）,关闭这些欲念进入的总大门（亦即心思,就是把心思关闭起来）,只要有一点点心思的波动都要警觉起来,不能跟着心思走;另一方面还应静守柔弱的丹田（让心思安静地呆在丹田里,哪儿也不让去,尤其是不能钻到脑子里去胡思乱想）,唯有这样,才能悟道。

原文

天下有始,以为天下母①。既得其母,以知其子;既知其子,复守其母,没身不殆②。

塞其兑,闭其门,终身不勤;开其兑,济其事,终身不救③。

见小曰明,守柔曰强④。用其光,复归其明,无遗身殃,是为习常⑤。

注释

①始:创始者;以为天下母:是天下万物的母亲。

②以知其子:可通过它来了解其孩子;没身不殆:终身都不会遭遇危险。

③终身不勤:终身都不勤于搅动欲念;终身不救:终身不可救药。

④见小曰明:能发现细小的叫作明智;守柔曰强:能守住柔弱的叫作坚强。

⑤用其光:运用智慧之光;无遗身殃:不给自身带来灾殃;习常:因袭常道,习得恒常的道。

译文

天下万物有同一个创始者,它是天下万物的母亲。如果悟得这位母亲(即"道"),就可以通过"她"来了解万物的根本规律;若已了解了万物的根本规律,又还信守道,那终身都不会遭遇危险。

应堵塞欲念的孔穴,关闭欲念的大门,终身都不勤于搅动欲念;如果打开欲念的孔穴,让欲念得以乱窜或者撒播的话,那便终身不可救药。

能发现欲念的细小骚动,这叫作"明智";能守着柔弱的丹田而无杂念,这叫作"坚强"。若能运用智慧之光,复归于发现细小的欲念之明智状态,不让自身受到欲念的伤害,这便是习得了恒常的道。

【本章造物思想】

"天下有始,以为天下母。"宇宙间的万物都有同一个母亲,那就是"道"。作为现实生活中的造物者也应固守着道,不要让欲念钻入心底,要及时发现欲念的细小苗头,堵塞欲念钻入的各种孔穴,终身都不勤于搅动欲念,只有这样才不会有灾殃。

　　因此,造物者要明白自己身处的天下是有起始的,它是由道创造的;为了更好地守道,就应该把各种欲念的大门堵塞起来,终身都不动用欲念,否则,一旦打开欲念的大门,拼命造物的话,将终身不可救药;而且,一旦发现欲念的苗头要赶紧掐灭之,惟其如此,方为明智的做法;只有守得住虚静,才算是意志坚强之人;造物者要时刻运用智慧之光明去烛照内心,这样一来,才有可能习得恒常之道,以便指导以后的创造。

五十三章

【章旨串讲】切莫背弃道而走邪路

老子认为,只要是稍有智慧的人都愿意(听从道的召唤)走大道,都怕走邪路。可是,大道那么平坦,人们却偏偏喜欢抄小路、走捷径,以至于从国家到王侯将相,再到普通百姓都如此这般。在国家层面,朝政腐败、田野荒芜、国库空虚;在王侯将相层面,他们就像强盗头子一样耀武扬威,他们穿绫罗绸缎,佩锋利宝剑,吃精美食物,占有大量的财物;在民众层面,人们拉关系,走后门,唯利是图,无视法纪,只求个人过得好,不顾他人死与活。因此,不管是国家层面,还是王侯将相、普通百姓,都应恪守虚静无欲之道,切莫走上纵欲狂欢之邪路!

原文

使我介然有知,行于大道,唯施是畏①。

大道甚夷,而人好径②。朝甚除,田甚芜,仓甚虚;服文采,带利剑,厌饮食,财货有余,是为盗竽③。非道也哉④!

注释

①使:假使;介然:稍微;唯施是畏:唯恐走上邪路。

②夷：平坦；径：小路，此处指邪路。

③朝甚除：朝政很腐败；田甚芜：田野很荒芜；仓甚虚：仓库很空虚；服文采：穿着锦绣衣服；带利剑：佩戴锋利的宝剑；盗竽：盗魁，强盗头子。

④非道：不合道。

译文

假使我稍微有点常识，我应该行走在大道上，唯恐走上邪路。

大道甚为平坦，可人们却喜欢走邪路。朝政腐败，田野荒芜，仓库空虚；但统治者们却穿着锦绣的衣服，佩戴着锋利的宝剑，餍足精美的饮食，占有的财富绰绰有余，这些人都是强盗头子啊！这样做是多么不合道啊！

【本章造物思想】

老子对统治者占有奢侈之物很痛恨，他直斥那些"服文采，带利剑，厌饮食，财货有余"的人为"盗竽"（即强盗头子）。那些锦绣的衣服、锋利的宝剑虽然很精致漂亮，但它们是不当的利，占有它们是贪得无厌之行径，是强盗之所为。

而作为造物者，也不能走上纵欲享乐的邪路。可是，现实生活中好多造物者都是纵欲无度之人，他们穿戴华丽、饰品精美，占有着大量的财富和物品，过得就像整日掳掠百姓财物的强盗头子一样，这样做是不合道的，是应该悬崖勒马的。

【章旨串讲】应该处处修德

　　老子认为,修德就是不断增强与扩大悟道、守道、用道的能力。这先要从自身开始,持之以恒地悟道、守道,再将之推广到整个家庭、乡里、城邦乃至于全国,以便德泽天下,永不离道,世代相传。因此,不管是普通百姓还是一方官吏,乃至于君主,都应向有道者学习,将德(悟道、守道、用道的能力)持之以恒地修养好来。

原文

　　善建者不拔,善抱者不脱,子孙以祭祀不辍①。

　　修之于身,其德乃真;修之于家,其德乃余;修之于乡,其德乃长;修之于邦,其德乃丰;修之于天下,其德乃普②。

　　故以身观身③,以家观家,以乡观乡,以邦观邦,以天下观天下。吾何以知天下然哉④?以此。

注释

　　①建:建树;拔:拔除;脱:脱落;辍:停止,废止。

　　②身:自身;邦:国家;普:普泛。

　　③以身观身:用自身的修养之道来观照他人。

④然:这样子。

译文

修德之关键在于守道,因此,善于建树者不会拔除"道"这一根基,善于保持者不会脱落"道"这一根基,子孙后代的祭祀便不会停歇。

用守道的原则修养于自身,他的德就是真的;修养于家庭,他的德就富余了;修养于家乡,他的德就延长了;修养于国家,他的德就丰厚了;修养于天下,他的德就普泛了。

所以,若从我自身的修养之道来观照,则他人之修养也应采取此道;若从我家庭的修养之道来观照,则别人家庭之修养也应采取此道;若从我家乡的修养之道来观照,则他乡之修养也应采取此道;若从我国的修养之道来观照,则他国之修养也应采取此道;若从我所在的天下之修养之道来观照,则别人所在的天下之修养也应采取此道。我凭什么知道整个天下应该如此呢? 就是因为采用了这种类推法。

【本章造物思想】

"善建者不拔,善抱者不脱",就造物的层面而言,善建筑者之建筑是不会轻易被拔掉的(包括地震、台风、洪水等天灾,以及各种人为的损坏),善于黏合或组合者是不会轻易让黏合或组合之物脱落(或散脱)的。因为他们懂得造物之道,懂得如何筑牢根基、根深蒂固,所以其整体结构不会轻易被拔掉,其内部成分不会轻易被分离。

而从管理者层面来看,他应该建树的是悟道之所得,并把这种所得加以推广,让全天下的管理者和造物者都来悟道,若能顺利推行的话,则普天之下皆为悟道者,皆能无欲无求,则天下必得安宁。

【章旨串讲】像婴儿一样活着

老子认为,有德(成功地体悟与运用道)之人会像婴儿一样活着。他远离危险,虽然筋骨柔弱,却精力充沛,和气自生。有德之人懂得柔和地保护元气,从不调动元气去听从欲念的支配,从不纵欲享乐、逞强惹祸。因为他明白,过于强壮意味着会很快地走向死亡。

原文

含德之厚,比于赤子。毒虫不螫,猛兽不据,攫鸟不搏。骨弱筋柔而握固①。未知牝牡之合而朘作,精之至也。终日号而不嗄,和之至也②。

知和曰常,知常曰明;益生曰祥,心使气曰强③。物壮则老,谓之不道,不道早已④。

注释

①赤子:初生的婴儿;螫:音 shì,有毒腺的虫子刺人或动物;据:兽类用爪子抓物;攫鸟:鸷鸟,凶鸟;搏:用爪子袭击;握固:握得很牢固。

②牝牡之合：男女交合；朘：音 zuī，男性生殖器；作：勃起；至：充沛，顶峰；号：哭嚎；嗄：音 shà，声音嘶哑；和：和气。

③常：恒常；益生：奉养丰厚；祥：此处指灾祸；心使气：内心调动元气；强：逞强。

④不道：不合于道；早已：很快死亡，早早灭亡。

译文

涵养德性深厚的人好比初生的婴儿。毒虫不蜇伤他，猛兽不抓挠他，凶鸟不爪击他。他的筋骨柔弱，但拳头紧握着。他不知道男女交合之事，但生殖器却能勃起，这是他的精气到达顶峰的标志啊！他终日哭嚎，喉咙却不沙哑，这是由于他的和气到达了顶峰的缘故啊！

知道怎样调和元气，方为领悟了恒常的道，领悟了恒常的道方为明智；否则的话，奉养过于丰厚就是灾祸，在内心调动元气去纵欲，那就是逞强。万物强壮过后就会衰老，因为这种状态不合于道（而道是柔弱的），不合于道必将早早灭亡。

【本章造物思想】

"含德之厚，比于赤子……骨弱筋柔而握固。"初生的婴儿是人类最柔弱的阶段，他虽然筋骨柔弱，拳头却握得很牢固。"物壮则老"，万物发展壮大到一定阶段后就会走向衰老，因此，老子不主张万物自逞强壮，而是主张万物应柔弱，因为过于强壮则不符合守柔之道，壮则将早早地走向灭亡。这使我们想到了蜘蛛网，它非常柔弱，但其抗断强度却比同等重量的钢丝还要大，而且弹性大，还富有黏性，可谓是以柔弱胜刚强的代表性物质。

作为造物者，也应有悟道之德，有了这种德性，就会像婴儿一样无欲无求，意念柔弱，血脉通畅，和气卫身，不会整天想着去造更多的物以满足享乐欲望;而那些整天想着满足欲望享乐的造物者,在老子看来是处于灾祸之中的不幸者,这些人调动元气,动用智慧,强行造物,以至于过早地衰老,进而走向灭亡的绝境。

【章旨串讲】得道者能混同一切

老子认为,聪明的人是不会妄加说教的,妄加说教的人是不明智的。而真正聪明的人能够关闭欲念的孔窍(包括眼、耳、鼻、舌、身等感觉器官)以及心这一欲念进入的大门,能够解除各种欲念的纠缠,把欲念消灭得无影无踪,能够混同一切(即不关心一切俗世之事)。他对一切亲疏贵贱、利害关系毫不在意,故而能成为天下最为尊贵的得道者。

原文

知者不言,言者不知①。

塞其兑,闭其门;挫其锐,解其纷;和其光,同其尘,是谓玄同②。故不可得而亲,不可得而疏;不可得而利,不可得而害;不可得而贵,不可得而贱,故为天下贵③。

注释

①知者不言:聪明的人是不会妄加说教的;言者不知:妄加说教的人是不明智的。

②玄同:玄妙的齐同一切的境界。

③不可得：不能得到；为天下贵：成为普天之下最为尊贵的人。

译文

聪明的人是不会妄加说教的；妄加说教的人是不明智的。

塞住欲念的孔穴，关闭欲念的大门；挫掉欲念的锋芒，消解欲念的纷扰；调和欲念的光芒，混同欲念的尘埃，这是一种玄妙的齐同一切的境界。对于达到这种境界的人，你无法亲近他，也无法疏远他；无法从他身上获利，也无法伤害他；无法使他尊贵，也无法使他卑贱，因而他能成为普天之下最为尊贵的人。

【本章造物思想】

"塞其兑，闭其门；挫其锐，解其纷；和其光，同其尘"，就造物层面而言，成功的造物在其内部是极其和谐统一的。比如在进行室内设计时，应该考虑把各个让冷热空气进入的小孔（即"兑"）和门窗都堵起来，把各种尖角（即"锐"）去掉，把各种复杂的结构去掉，以使整个室内光明洁净、和谐一体。

就造物者而言，他不要整体自诩为业界行家，总想给别人以经验教导，因为这种人往往是不明智的；明智的造物者是不会抛头露面、到处宣扬的，因为他清楚地知道造物其实是服务于欲望的满足，它不是什么好东西，它是应该强加节制的东西。因此，明智的造物者会把各种感觉器官封闭起来，达到无知无欲、与道合一的境界。而由于他与道合一了，因此常人就无法靠近他，他也就成为普天之下造物者中最为尊贵者。

【章旨串讲】无为而治，以取天下

在本章中，老子提出"治国之圣人"（即君主）应该无为而治的观点。其分论点有三：（1）君主的治国理念应是清正无为；（2）治国与用兵相反，用兵讲究奇巧诡秘，治国则应清正无为；（3）君主清正无为，不但可以治好一个国家，而且也是天下人心所向，甚至连其他国家的民众都愿意归附于清正无为之君主。

其反面论据有四：（1）国家的禁忌越多，对民众的困扰也就越大，民众将越加贫困；（2）民间的精良工具越多，导致的纵欲享乐也就越多，民众就越加难以管理，从而使得国家越加混乱；（3）民众的奇淫技巧越多，敬献给统治者的礼物会越来越多，从而使得各种奢华精巧的享乐奇器越发多起来；（4）法律越细，法令越森严，但由于民众越来越贫困，从而使得盗贼变得越来越多。以上论据的潜在观点便是：如果君主有为而多欲，那全国百姓就会纵欲乱为，从而导致那些糟糕情况的出现。

其正面论据有四：（1）君主越是无为，民众享有的自我决定权就越多，就越发可以决定自己的命运；（2）君主喜欢清静，民众就会上行下效，从而也变得清静端正起来；（3）君主若能无所事事，不去扰民，民众才有机会富起来；（4）君主无欲，民众就会上行下效，从而变得纯朴自然起来。

原文

以正治国,以奇用兵,以无事取天下①。

吾何以知其然哉?以此:天下多忌讳,而民弥贫;人多利器,国家滋昏;人多伎巧,奇物滋起;法令滋彰,盗贼多有②。

故圣人云:"我无为而民自化;我好静而民自正;我无事而民自富;我无欲而民自朴③。"

注释

①正:正道;奇:奇诡之法;无事:此处指不扰民。

②滋:更加,愈加;伎巧:技巧;彰:彰明;多有:出现得越多。

③自化:自我教化;自正:自我清正;自朴:自然淳朴起来。

译文

以清静之正道治国,以奇诡之法用兵,以不扰民之道治理天下。

我凭什么知道这些道理呢?凭以下这些逻辑推理:天下的忌讳越多,民众就越贫穷;人们持有的利器越多,国家就越混乱;人们掌握的技巧越多,奇珍异宝就越多;法令越彰明,盗贼就越多。

所以有道的圣人教导:"我无为,民众就能自我教化;我喜好清静,民众就能纯正无欲;我无所事事,民众自然就会富足;我无欲,民众自然就会淳朴。"

【本章造物思想】

"人多利器,国家滋昏;人多伎巧,奇物滋起",人们持有的利器越多,国家就越混乱;人们掌握的技巧越多,奇珍异宝就越多。一般来说,"利器"的意思有四:锋利的武器,精良的工具,兵权,杰出的才能。其中,能给国家带来混乱的有锋利的武器、精良的工具与兵权,但锋利的武器、兵权等不是常人所能拥有的,因此,此处之"利器"意为精良的工具。从造物的角度而言,工具制造得越精良、越多,给国家和天下百姓带来的享乐欲望也就越多;制造奇珍异宝的技巧越多,给人们带来的诱惑也就越来越多,社会也就越发不稳定。因此,那些精良的工具和奇珍异宝还是少制造为妙,相应的制造技能还是少掌握为妙。

而就造物者的管理者而言,不应该对造物者有任何欲望与需求的引导或指令,应让造物者"无物可造、无利可图",迫使他们向管理者学习,像悟道之管理者一样"无为清静,无事无欲",从而使得他们自我教化、自我端正、自给自足、自然淳朴,这样国家就会自然清明。

153

【章旨串讲】圣人无欲无为则政治宽厚

老子认为,圣人无为而治,其政治就会变得宽厚仁慈,民众就会变得淳朴少欲;如若不然,政治苛刻严酷,民众就会变得狡黠缺德,以至于全天下都人心惶惶,全天下的人都发现:灾祸的旁边依傍着幸福,幸福的旁边埋伏着灾祸,而且灾祸和幸福的出现没有任何的准则;正直的人变邪恶了,善良的人也变邪恶了。此时,全天下的人都迷惑不堪,惶惶不可终日。如果出现这种情况,应该怎么办?此时还须无欲之圣人(君主)出来主掌政局。因为圣人无欲,能够无为而治,所以百姓不但不会被君主伤害到,反而会获得永恒的幸福,不再担心一切都变幻莫测,不再害怕可能出现一切变化都没有标准的糟糕境况。

原文

其政闷闷,其民淳淳;其政察察,其民缺缺①。祸兮福之所倚;福兮祸之所伏②。孰知其极?其无正也③。正复为奇,善复为妖④。人之迷,其日固久⑤。

是以圣人方而不割,廉而不刿,直而不肆,光而不耀⑥。

注释

①闷闷:此处意为宽厚;淳淳:淳朴;察察:此处意为严苛;缺缺:此处意指德行缺乏。

②倚:依傍;伏:潜伏。

③极:准则;无正:没有正确的准则。

④奇:邪;妖:恶。

⑤固:本来。

⑥方而不割:方正而不割伤人;廉而不刿:有锋利的棱角但不伤害人;直而不肆:直率而不待人放肆;光而不耀:发光而不耀伤人。

译文

如果政治宽厚,民众的德行就会淳朴。如果政治严苛,民众的德行就会缺乏。这时,就会出现奇怪的现象:幸福依傍在灾祸的旁边,灾祸潜伏在幸福的里面。谁能知晓它们出现的准则呢?它们的出现好像没有正确的准则。正的又变邪了,善的又变恶了。人们对这些现象的迷惑不解本来已经很久了。

因此,有道之圣人方正而不割伤人,有锋利的棱角但不伤害人,直率而不待人放肆,发光而不耀伤人。

【本章造物思想】

"圣人方而不割,廉而不刿,直而不肆,光而不耀",圣人就像"大器"一样,他方正而不割伤人,棱角锋利但不伤害人,直率而不待人放肆,发光而不耀伤人。因此,从造物的角度而言,要造就"大器",就必须知道"大器"之外形与品性。大器"方而不割,廉而不刿,直而不肆,光而不耀",它方正而不会割伤人,棱角锋利但不伤害人,笔直但不肆意延伸,发出光芒但不过于耀眼刺伤人。因此,我们制造的"大器"不一定非得是圆形的,它也可以是笔直方正、棱角锋利、光芒四射的,但制造它时必须很好地掌握度,亦即在不伤及感觉舒适度的前提下适可而止。这有点像一些亭子,它们大多是方形的,但这并不有损于它们的别样美感。

作为管理者,他的政治举措应该宽厚无为,让民众淳朴无欲,毕竟民众已经迷恋于造物和物欲享乐太久了,很多人已经是非不分、好坏不分了,所以管理者还是少挑动民众的欲望为妙。

五
十
九
章

【章旨串讲】要懂得爱惜

老子认为,治国和养生的方法是一样的,那就是爱惜元气,保养精神,无虑无欲。因为无欲之人方才有德,而有德之人方可长生,有德之君主方可治理好国家。

原文

治人、事天莫若啬^①。

夫唯啬,是谓早服^②。早服谓之重积德;重积德则无不克;无不克则莫知其极;莫知其极可以有国^③。有国之母,可以长久^④。是谓深根固柢、长生久视之道^⑤。

注释

①治人:治理民众;事天:颐养天年;啬:爱惜。

②早服:早做准备。

③重积德:重视积累道德;无不克:没有什么不能成功的;极:最高点,限量;有国:治国。

④有国之母:治国的最重要法宝(此处意指"啬");长久:长治久安。

⑤深根固柢:根基深固;长生久视:形容长寿。

译文

不管是治理民众还是颐养天年,没有比"爱惜"更好的方法了。

只有爱惜,才能促使人们早做准备。早做准备就是重视积累道德;重视积累道德则没有什么不能成功;没有什么不能成功的人,你无法知道他的限量在哪儿;若无法知道他的限量在哪儿,这种人就可以让他去治国。治国的最重要法宝"啬"可使国家长治久安。这就叫作使国家根深蒂固、个体生命长生久视之道。

【本章造物思想】

"啬"乃"深根固柢、长生久视"之道。在造物方面,造物者要懂得爱惜,比如爱惜自己的精力,不要把它浪费在纵欲上;爱惜自己的清静,不要把它浪费在追逐名利上;爱惜大自然的一切物,不要暴殄天物,不无端地浪费它;同时要爱惜造出来的物,不要喜新厌旧,不要更换不迭;另外还要爱惜和平,不要制造那些荼毒生灵的武器或是引发奢侈风尚的奇珍异宝。只有懂得爱惜,才算是符合造物之道。

生命只有一次,不懂得爱惜生命的人,整天纵情于造物和享乐,因此,作为管理者一方面应该爱惜自己的精力,不去发号施令、徒劳无功,另一方面应该教育民众懂得爱惜精力,早点警醒过来,为健康长寿而积攒精力。这样一来,民众懂得爱惜精力,不纵欲享乐、胡乱造物,就能使国家长治久安,民众永享太平。

六十章

【章旨串讲】治大国须不扰民

老子认为,那些"不问苍生问鬼神"的君主是治理不好国家的,因为他们只会干扰百姓、伤害百姓,以至于民不聊生;而一旦天下大乱,他们又往往求助于鬼神(可鬼神要么不存在,要么压根不会过问人间的太平与祸福)。那么,君主应该怎样治国呢?治国其实就像烹饪小鱼儿一样,最好不要翻碰它(百姓),不要干扰它(百姓),让它自己熟(即不扰民,实行无为而治)。只有无为而治,君主才无须求助那些神神鬼鬼的东西,而那些神神鬼鬼的东西便不再对人起任何作用;同时,百姓也会像君主一样无为无欲,进而变得有德(即悟道,听从道的召唤,无为无欲)。

159

原文

治大国若烹小鲜①。

以道莅天下,其鬼不神②。非其鬼不神,其神不伤人。非其神不伤人,圣人亦不伤人。夫两不相伤,故德交归焉③。

注释

①烹小鲜:烹饪小鱼。

②莅：治理；不神：起不了作用。

③德交归：把德泽一起归于（百姓）。

译文

治理大国好比烹饪小鱼。

用"道"治理天下，鬼就起不了作用；不但鬼起不了作用，而且神也不会伤害人；不但神不会伤害人，圣人也不会伤害人。由于神和圣人都不会伤害人，因此他们的德就会汇流到百姓那儿去，从而使得百姓安然无事。

【本章造物思想】

"以道莅天下，其鬼不神。非其鬼不神，其神不伤人。"我们常说，能工巧匠所造出来的东西简直是鬼斧神工，那些精巧绝伦的造物似乎犹如有鬼神相助一般。但老子认为，用"道"来治理天下，鬼神起不了作用，伤害不了人。同理，在造物之际，若能悟道，做到虚静无欲、忘却名利，就可以造出顺应自然的好物来，而无须借助神秘莫测的、虚幻的鬼神力量。

作为管理造物者的君主，不管他治理多么大的一个国家，都应该像烹饪一条小鱼那样，轻易不要翻动它，亦即不干预造物者的日常生活，这样一来，造物者自然不会想来伤害君主，这就叫作"两不相伤"。而在施行无为而治之道的国家，那些神神鬼鬼的东西也伤害不到人，因此，在一个神鬼不伤害人的、君主不伤害民众的国家，民众是能够享受到双重恩泽的幸福之人。

六十一章

【章旨串讲】邦国之间应以谦卑为本

老子认为,在处理国与国之间的关系时,应以谦卑为本。而作为大国,首先应该带个好头,像水一样居于下游,柔静而谦卑地对待小国,不去打小国的主意。而由于大国带了好头,小国也跟着学,从此天下便可太平。

原文

大邦者下流,天下之交也,天下之牝。牝常以静胜牡,以静为下①。

故大邦以下小邦,则取小邦;小邦以下大邦,则取大邦。故或下以取,或下而取②。

大邦不过欲兼蓄人,小邦不过欲入事人。夫两者各得其所欲,大者宜为下③。

注释

①下流:位居下游;交:交汇地;牝:雌性的;为下:处于下位。

②以下:对……谦下;取小邦:使小国依附之;取大邦:被容纳于大国;而:顺接连词。

③兼蓄:兼并;入事:加盟,侍奉。

译文

大国如果慈柔谦下,则能成为天下小国所侍奉的交汇地。大国应像是天下诸国中具有"雌性"的国家,因为雌性总以安静而战胜雄性,总在安静中慈柔谦下。

所以大国如果对待小国慈柔谦下,则能使小国依附之;小国如果对待大国慈柔谦下,则能被容纳于大国。所以,有的国家因为慈柔谦下而使别国依附之,有的国家因为慈柔谦下而被容纳。

大国不应过分地想兼并小国,小国不应过分地想加盟大国、侍奉大国。若要使两者都心满意足,那么强大的一方应该慈柔谦下。

【本章造物思想】

"夫两者各得其所欲,大者宜为下。"国与国之间,倘若要使大国和小国都心满意足,那么大国首先应慈柔谦下。同理,在造物者之间也应讲究"安静"与"谦下",尤其是名气大的更应如此,不能恃才自傲,整天想着怎样盖过别人,怎样打遍天下无敌手,或者是怎样兼并不如自己的人,让别人臣服于自己;如果那样做,整个造物界将鸡犬不宁。当然,名气小的更应"安静"与"谦下",虚心地向名气大的、比自己强的人学习,只有这样,才能不断进步,永远立于不败之地。

若把造物者与被造之物的关系比作国家关系的话,造物者也应在被造之物面前慈善柔弱、安静无欲,只有这样,才能让可能被造之物免于被创造、加工与伤害的厄运,让天下之物安静祥和,尽享其年。

【章旨串讲】道乃天下最为珍贵之物

老子认为，道是万事万物的藏身之所，是善人的宝物，是不善之人的依靠。只要悟了道，就可以拥有良好的言行举止，就可以有求必得，甚至能避免犯罪。因此，道是天底下最为珍贵之物。

原文

道者，万物之奥，善人之宝，不善人之所保①。美言可以市尊，美行可以加人②。人之不善，何弃之有？

故立天子，置三公，虽有拱璧以先驷马，不如坐进此道③。

古之所以贵此道者何？不曰"求以得，有罪以免"邪④？故为天下贵。

注释

①奥：藏身之所；所保：依靠。

②市尊：博得尊敬；加人：使人获得尊重。

③拱璧以先驷马：拱璧在先，驷马在后；坐进此道：因而进献这伟大的道。

④求以得：求则能有所得。

译文

道是万物的藏身之所，是善人的法宝，是不善之人的依靠。道可以使人说出美好的言辞而受人尊敬，可以使人拥有美好的行为而获得别人的尊重。即使有不善的人，我们又有什么理由抛弃他呢？因为只要有道在，有道庇护着他，就能使他变好，使他说出美言、拥有美行。

所以在拥立天子，设立"太师、太傅、太保"三公的时候，即使捧着珍贵的玉璧，进献四匹宝马，还不如把伟大的道进献给天子。

古代之所以重视这个伟大的道，原因何在？不就是说"求道则能有所得，比如有罪者悟了道后知错能改，故可免于处罚"吗？所以道能为天下人所重视。

【本章造物思想】

"虽有拱璧以先驷马，不如坐进此道。"当天子即位、设置三公之际，臣子们是进献珍贵的玉璧和宝马好呢，还是进献伟大的道好呢？在老子看来，进献任何宝物都不如进献无为而治之道给天子为妙。因为任何宝物都只能使贪婪而多欲的君主不理朝政，整日声色犬马，从而导致国家混乱不堪，百姓叫苦连天；而无为而治之道则能使政治清明，百姓安居乐业，天下太平。故此可知，若将道与物相比，老子更看重道。

从造物的角度而言，不管是造物者，还是管理者，都应该守道，因为它是天地万物的藏身之所，是任何人的生存法宝和依靠，是言行获得尊重的保障。因此，不管多么富有，拥有何等金贵的宝物，都不能抛弃道，因为道的价值是超过任何宝物的。

【章旨串讲】悟道者守"无"即可

老子认为,悟道者只须坚守一件事即可,这便是坚守"无"。比如在遇到事情的时候坚守"无为"(不做任何违背道的事);在品尝味道的时候坚守"无味"(不去鉴别味道的好坏);在区分大小、多少的时候,坚守"无区分"(一视同仁);在遇到令你生恨之人的时候,坚守"无区别对待"(一视同仁地善待他)。当然,要做到"无"也很难,必须从身边每一件容易的、细微的事情做起,不要立马标榜自己已成为"无为无欲者",而应时刻恪守"无",这样才不会觉得做一个"无者"(即无为无欲者)有多么难。

原文

为无为,事无事,味无味①。大小多少,报怨以德。

图难于其易,为大于其细。天下难事必作于易,天下大事必作于细。是以圣人终不为大,故能成其大②。

夫轻诺必寡信,多易必多难。是以圣人犹难之,故终无难矣③。

注释

①事无事:以不生事之心去做事;味无味:以追求无味的态度

去品味。

②细：细微阶段；不为大：不自以为大。

③寡信：缺少信用；多易：把事情看得很容易；难之：把它看作是难的。

译文

以无所作为的态度去作为，以不生事之心去做事，以追求无味的态度去品味。不管是遇到大还是小，是遇到多还是少，或是遇到令你生恨之人，都以德（无区别）待之。

图谋难事应从容易的地方开始，做成大事应从小事开始。因此，天下的难事必须图谋于它是易事之际，天下大事必须图谋于它是小事之际。因此，有道之圣人始终不自以为大（即不做自己胜任不了的大事，而是从小事做起），所以能够做成大事。

轻易允诺，必然缺少信用。总把事情看得很容易，必然遭遇更多的困难。因此，得道的圣人在事情处于容易阶段就将之视为困难之事，在容易做的阶段就把事情做好了，所以终究没有困难。

【本章造物思想】

"图难于其易，为大于其细。天下难事必作于易，天下大事必作于细。"就造物的角度而言，要造就"难造之器""伟大之器"，必须从容易造的开始，从细微的地方入手，通过循序渐进的积累而达到高级境界或者顶级境界。因此，在整个造物生涯中，"好高骛远""急于求成"的做法都是应该摒弃的。

作为造物者，应该无所作为、无事于心、无所追求，此即"为无为，事无事，味无味"；在人际交往中，应该"报怨以德"，不能互相伤害，不能轻易承诺别人可以造出什么物来，否则，要是造不出来的话，那就成了"轻诺必寡信"。

【章旨串讲】无为无欲应贯彻始终

　　老子要求人们自始至终皆须无为无欲。一方面应做好开始阶段的无为无欲，在欲望还没开始的时候便坚持无为无欲，不要等到欲望之"树"长成、欲望之"台"垒成后再来消除欲望，那肯定是办不到的。因此，一切有为者终将失败，一切无为者则没有失败。另一方面应做好接近成功阶段的无为无欲，因为很多人在快要成功的时候却放弃了，故而应慎终如始，从头到尾都坚持无为无欲，这样才不会失败。而得道的圣人则是我们的楷模：他坚守无欲，不追求难得的东西，不学习能激发欲望的技能，（用无欲）补救欲望的缺口，以无为而治来辅助万事万物的自然生长。

原文

　　其安易持，其未兆易谋。其脆易泮，其微易散。为之于未有，治之于未乱①。

　　合抱之木，生于毫末；九层之台，起于累土；千里之行，始于足下。为者败之，执者失之。是以圣人无为故无败，无执故无失②。

　　民之从事，常于几成而败之。慎终如始，则无败事③。是以圣人欲不欲，不贵难得之货；学不学，复众人之所过，以辅万物之自然而不敢为^④。

注释

①持：把持；谋：图谋；泮：音 pàn，消解；散：散裂。

②毫末：毫毛的末端，比喻为极其细微；累土：把土堆积起来；执者失之：执持不放者必然失去它。

③从事：做事情；几成：快要成功；败事：做事情失败。

④复众人之所过：修复众人在纵欲路上的过失；辅万物之自然：帮助万物呈现出顺其自然的本性。

译文

事物处于安定状态时容易把持，事情尚未显现迹象时容易图谋。事物在脆弱时容易消解，在细微时容易散裂。因此，对待欲望要在它没有萌生之前就处理掉；治理国家要在没有发生祸乱之前就"无为而治"。

合抱的大树是由细小的萌芽长成的，九层高台是由一堆堆泥土垒成的，千里之行程是在脚下一步步走成的。有意而为之者必然失败，执持不放者必然会失去。因此，圣人无为故而没有失败，不执着故而没有失去。

民众在做事情的时候，总是在快要成功的时候却失败了。如果从头到尾都谨慎对待，则不会有失败。因此，圣人想要得到的状态便是无欲，他不以难得的东西为贵，他学习的是如何"有定力，以达不学习众人的纵欲乱为之境界"，他修复众人在纵欲路上的过失，以符合万物顺其自然的本性，故而不敢纵欲有为。

【本章造物思想】

"合抱之木,生于毫末;九层之台,起于累土",大自然之造物需要经过漫长的生长过程,人类之造物也需要经过漫长的建造过程。因此,不断积累、毫不气馁才能接近成功。"民之从事,常于几成而败之。慎终如始,则无败事。"在造物生涯中必须坚持到最后,不能轻言放弃,应"慎终如始",才不会失败。"圣人欲不欲,不贵难得之货",圣人没有享受奢侈之物的欲望,故而能够劝导民众清静无为,以保障万物之自然生长。

同时,造物者对待他所造出的作品或物件应给予特别的关爱,要防微杜渐,未雨绸缪,因为"其安易持,其未兆易谋。其脆易泮,其微易散",有问题早发现,并早处理,别等出了大问题再来补救,那可就麻烦了,故而造物者应该"为之于未有,治之于未乱",尤其是一些容易剥蚀的、风化的作品或物件更应精心养护,做好防腐、抗氧化、防风化等养护措施,以求让其长期留存。

【章旨串讲】让百姓远离欲望

老子认为,欲望是个坏东西。假若教导百姓如何满足欲望(即"明民"),那百姓就很难管理,国家就会受到伤害;而若引导百姓远离或脱离欲望(即"愚民"),那百姓就很好管理,国家就有福。在处理这一问题时,悟道之圣人掌握了治国之良策:一方面,他作为君主采取无为而治的政策;另一方面,他对待百姓采取"愚民"政策(让百姓远离或脱离欲望,不知道怎样去逐欲享乐)。如此双管齐下,真可谓"玄德之人"(真的得道,并能用道之人)啊!

原文

古之善为道者,非以明民,将以愚之。民之难治,以其智多①。故以智治国,国之贼;不以智治国,国之福②。

知此两者,亦稽式。常知稽式,是谓玄德③。玄德深矣,远矣,与物反矣。然后乃至大顺④。

注释

①明民:使民众聪明;愚之:使之变愚朴;以其智多:因为他们的智巧诈伪太多了。

②贼：伤害，灾难。

③稽式：模式，法则；玄德：自然无为的德性。

④与物反：与物一起返归于；大顺：完全顺应自然。

译文

古代善于以道治国的圣人，他不去开发民智，而是要让民众变得愚朴。民众之所以难以管理，就在于他们的智巧诈伪太多了。所以，用智巧心机去治国，是国家的灾难；不用智巧心机去治国，是国家的幸运。

知晓这两者，也就能发现治国之模式。总能知晓治国之模式，这就叫作"自然无为的德性"。"自然无为的德性"能引领人走得很深很远，能与万物一起返归于淳朴的道。这样便能使人完全顺应自然。

171

【本章造物思想】

"民之难治，以其智多。"民众之所以难以管理，就是因为他们怀有许多智巧诈伪之心思。同理，作为造物企业或创意公司的管理者，也不能放任员工使用智巧诈伪，而应引导他们心思淳朴，让他们具有更多的集体荣誉感和奉献精神，让他们在谋取个人私利方面变得"愚蠢"起来。"玄德深矣，远矣，与物反矣。"好的管理者能带领员工走得更远，与员工一起返归于淳朴之道，只有这样，造物企业或创意公司才会蒸蒸日上。

管理者应该向古代那些善于悟道的人学习，学习他们让百姓之内心变得淳朴甚至愚笨（是指在欲望享乐方面而言），民众一旦在欲望面前毫不动心，甚至不懂享乐，不晓得还要去纵欲，那就好管理多了，此即"古之善为道者，非以明民，将以愚之"之义也。而作为管理者，也不能要小聪明，弄出好多条文来管理民众，让民众备受折磨、无所适从,而应"紧闭"住自己的小聪明,以无为而治之策略来管理民众,国家治理才能更加顺畅,此即"故以智治国,国之贼;不以智治国,国之福"之义也。倘若既能"紧闭"自己的小聪明(实行无为而治),又能教导民众无知无欲,那这种管理者方可谓懂得治国之模式,且有深厚的德性,此即"知此两者,亦稽式。常知稽式,是谓玄德"之义也。

【章旨串讲】圣人不与民争利

老子认为,悟道之圣人在治理国家的时候就像江海一样,总是处于百川之下位(做人民的公仆)。他在言语上总是自称"孤家寡人";在思想上总是把人民利益放在面前,而自己则没有任何欲望和利益追求(包括想要获得百姓夸奖的虚荣心),因此百姓没有任何压力,非常拥戴他;而他确实也是最为理想的君主人选。

原文

江海之所以能为百谷王者,以其善下之,故能为百谷王①。

是以圣人欲上民,必以言下之;欲先民,必以身后之②。是以圣人处上而民不重,处前而民不害③。是以天下乐推而不厌④。以其不争,故天下莫能与之争。

注释

①百谷王:百川之王;善下之:善于位居……之下。

②上民:处于民众之上;以言下之:用言辞表示自己的谦下;先民:位居民众之前;以身后之:把自身放在民众之后。

③不重:不会感觉到负担沉重;不害:不会感觉到有什么妨碍。

④乐推：乐意推举；不厌：不厌弃。

译文

江海之所以能成为百川之王，就在于它总是位居百川之下。

因此，圣人想要处于民众之上，必须对民众用言辞表示自己的谦下；圣人想要位居民众之前，必须把自己的利益放在民众之后。因此，圣人处于上位但民众不会感觉到负担沉重，位居民众之前但民众不会感觉到有什么妨碍。因此，天下的民众都乐意推举他，而不会厌弃他。因为圣人从不与人相争，所以天下没有人有资格与他争夺领导权位。

【本章造物思想】

"江海之所以能为百谷王者，以其善下之，故能为百谷王。"江海之所以能够成为百川之王，就在于它总是位居百川之下。由此推之，作为造物企业或创意公司的领导者，也应有"海纳百川"之胸怀，不与员工相争，只有这样，员工才乐意推举他，而不会厌弃他。

管理者应该向悟道之圣人学习，对待普通的造物者，应言辞谦逊，不能高高在上，不能与他们争利，只有不与他们争利，才能做好管理者的本职工作，从而稳固作为管理者的长久位置，此即"是以圣人欲上民，必以言下之；欲先民，必以身后之。是以圣人处上而民不重，处前而民不害。是以天下乐推而不厌。以其不争，故天下莫能与之争"之深义也。

六十七章

【章旨串讲】"仁慈、节制、谦让"乃道之"三宝"

老子认为,道非常伟大,它有三大法宝:仁慈,节制,谦让。首先,道具有仁慈的特性,它不但帮助善人,而且帮助不善之人,它帮助一切人,帮人们远离欲望的困扰与灾祸;其次,道具有节制的特性,它要求人们节制欲望,以求虚静柔弱,像婴儿、愚人一样,无知无欲,契合天道;最后,道具有谦让的特性,它号召普通百姓处处谦让,不与人争,这样便能无忧无虑,同时还要求悟道之圣人在治国的时候能够谦让,不与民争利,愿意处于人民的下位(像江海一样,海纳百川,做人民的公仆)。而道之所以具有这三大特性,是因为它遵循"法自然"的规律(即自然无为,以万物为刍狗,让万物自生自灭,不加任何干涉)。

175

原文

天下皆谓我道大,似不肖。夫唯大,故似不肖①。若肖,久矣其细也夫②!

我有三宝,持而保之:一曰慈,二曰俭,三曰不敢为天下先③。慈故能勇;俭故能广;不敢为天下先,故能成器长④。今舍慈且勇,舍俭且广,舍后且先,死矣⑤!夫慈,以战则胜,以守则固。天将救之,以慈卫之⑥。

注释

①似:似乎;不肖:不像(任何一种物)。

②细:细微;也夫:句尾语气词,无义。

③持而保之:持有而保全着它们;俭:节俭;为天下先:位居天下人之先。

④广:广厚,宽广;成器长:成就国家这一大器的长久运行。

⑤且:和,而且;死矣:死定了啊。

⑥以慈卫之:以慈爱之心来护卫他。

译文

天下人都跟我说道太大了,似乎不具有任何一种物的具体形状。正因为它太大了,所以似乎不具有任何一种物的具体形状。如果具有的话,时间一久,道就会变得细微而不伟大!

我有三件法宝,并将它们持有而保全着:一是慈爱,二是节俭,三是不敢位居天下人之先。因为慈爱,所以勇于挺身而出;因为节俭,所以财物广厚;因为不敢位居天下人之先,所以能够成就国家这一大器的长久运行。现在如果舍弃了慈爱和勇敢,舍弃了节俭和广厚,舍弃了位居天下人之后的做法,而位居天下人之先的话,那就死定了!若用慈爱之心来作战,则能取胜;若用慈爱之心来守卫,则能固守。老天如果要救助某个人,就会以慈爱之心来护卫他。

【本章造物思想】

"不敢为天下先,故能成器长。"从造物的角度而言,"不敢为天下先"就是造物者不敢制造一些新奇古怪的物,不敢带头破坏"物不应该挑起人们享乐的欲望,不应该破坏淳朴无欲的社会风气"之规矩,只有这样,才能成就器物的长处,发挥器物"帮助人们改善生存与增加健康"的功能,让器物帮助人们减损欲望,让人们过着简单知足的守道生活。

在整个宇宙之中,"道"是最伟大的造物主,它与任何被造出来的物都不像。它不像任何东西,如果它像现实中的某一件东西,那它的伟大也就严重贬值了,此即"天下皆谓我道大,似不肖。夫唯大,故似不肖。若肖,久矣其细也夫"之义也。作为普通的造物者,也应怀有一颗慈爱之心以对待万物,不要动不动就想着这个东西可以被改造成什么物件,那个东西可以被改造成什么作品,而应该珍惜万物,不轻易去改造它的原貌,甚至对待现有的物件也应爱惜之,要有节俭的好习惯,只有这样,才能成为一个合格的造物者。

六十八章

【章旨串讲】"不争"则能打胜仗

在老子看来,战争并不是什么好东西,切不可好战,最多也就是迫不得已地应战。领兵作战的统帅若能做到不争,便能打胜仗。首先,在统领士兵的时候不争强好胜,不逞个人之勇武;其次,在战争前夕不轻易被激怒;再次,在作战过程中不与敌人正面交锋,不与敌人硬拼;最后,在使用手下将领和士兵的时候态度谦卑,不与人发生争执。总之,统帅若能做到不争,则可谓有德,则可很好地发挥手下将领和士兵的本领。这便是符合古代战法的最高准则。

原文

善为士者不武,善战者不怒,善胜敌者不与,善用人者为之下①。是谓不争之德,是谓用人之力,是谓配天古之极②。

注释

①为士:统帅士兵;不武:不逞勇武;不与:此处指"不与敌人正面交锋";为之下:待人谦卑,甘为人下。

②配天古之极:符合自然的法则。

译文

善于统帅士兵的人不逞勇武,善于作战的人不发怒,善于胜敌的人不与敌人正面交锋,善于用人的人待人谦卑、甘为人下。这叫作不争之品德,这叫作能发挥别人的能力,这叫作符合自然的法则。

【本章造物思想】

"善为士者不武,善战者不怒,善胜敌者不与,善用人者为之下。"在战争中应恪守"不争"之准则,不逞勇武,不暴怒,不与人正面冲突,待人谦下。同理,作为造物企业或创意公司的管理者,也应做到"不争",只有这样,才有"不争之德",才能"用人之力",让手下员工尽心尽责,尽情地发挥聪明才智。

若把造物比作战争,造物者也应遵循四条原则:一是不逞能,不要认为自己的造物本领大,才华出众,就到处炫耀,这样不但无法虚心静听他人的建议,而且会招致忌恨。二是不发怒,在同行之间交流时,当有批评的声音发出的时候,应抱着"有则改之,无则加勉"的心态听取他人的意见,而不能认为批评者是有意跟自己过不去,想当众揭自己的短,故而错误地对批评者怒从心生。三是在别人发表不同看法的时候,要耐心地听完,听完之后要反复思考,不要还没等人家把话说完,就针锋相对地反驳、诘难人家,以至于人家都无法完整地表达思想,或者即使人家说完了,你一句都没听进去,这便违背了老子的"善者吾亦善之,不善者吾亦善之"的准则,从而不会从内心尊重别人。如果别人一样不从内心尊重你,那人与人之间就充满着鄙视和仇恨。四是不能高高在上,不能因为自己职位高、财富多、本事大,就把自己当作主子,把别人当作小弟、跟班、仆人或奴才,不能恃才傲物,而应谦虚为怀、虚怀若谷。这四条原则合为一条总则,那就是"不争",就是谦让,就是甘为人下,这便是造物者必须谨记的人生信条。

【章旨串讲】哀兵必胜

老子认为,在领兵打仗之际,将帅应该心怀哀悯。因为战争不是什么好事情,战争会死人,会饿殍遍野、民不聊生,甚至会国败家亡。因此,打仗只能是迫不得已的应战而已。在战斗中,悟了道的将帅从不主动进攻别人,从来都是被迫应战的;虽然摆了行阵、有了战斗力、有了打击对象、有了锐利的兵器,但却像没拥有这些东西一样(因为他不愿意使用这些东西),他的内心充满了哀悯(哀悯对方和我方的所有将士将要面临死亡)。故而可曰"哀兵必胜",因为哀兵之将帅已经悟了道,懂得仁慈、节制和谦让,能哀悯一切参战者。

原文

用兵有言:"吾不敢为主而为客,不敢进寸而退尺。"是谓行无行、攘无臂、扔无敌、执无兵①。

祸莫大于轻敌,轻敌几丧吾宝。故抗兵相若,哀者胜矣②。

注释

①吾不敢为主而为客:此处意为我不敢主动进攻,而是采取守

势;行无行:即使有行阵,却像没行阵一样;攘无臂:即使要奋臂出击,却像没有臂膀一样;扔无敌:即使要迎击敌人,却像没有敌人可以迎击一样;执无兵:即使手持兵器,却像没有拿兵器一样。

②几丧吾宝:几乎丧失了我的取胜法宝;抗兵相若:两军旗鼓相当。

译文

在用兵方面,曾经有过这样的话:"我不敢主动进攻,而是采取守势;不敢前进一寸,而宁愿后退一尺。"这叫作即使有行阵,却像没行阵一样;即使要奋臂出击,却像没有臂膀一样;即使要迎击敌人,却像没有敌人可以迎击一样;即使手持兵器,却像没有拿兵器一样。

祸患没有比轻敌更大的了,轻敌几乎丧失了我的取胜法宝。因此,当两军旗鼓相当的时候,以哀悯的态度作战的一方必将取胜,因为持哀悯态度一方的将士会因哀悯祖国和人民的生命而全力以赴作战。

【本章造物思想】

"故抗兵相若,哀者胜矣。"当两军旗鼓相当的时候,以哀悯的态度作战的一方必将取得胜利。同理,处于竞争之中的造物企业或创意公司的管理者也应心怀哀悯,不应主动与人竞争,不应争强好胜,倘若对手失败了,也应心怀哀悯,而不能落井下石或者一网打尽。

若把造物比作战争,造物者之间也应以谦让为本,不要你争我夺,别人说你的造物本领不行、所造之物很丑时,你应该虚心聆听,让别人无法再对你进行人格攻击或造物之外的伤害;不能轻视同行或者竞争者,应认真研究别人的长处和特殊的风格,看看有哪些可以学习借鉴的。造物者应把"祸莫大于轻敌,轻敌几丧吾宝"作为一条重要的为人处世之座右铭。

【章旨串讲】知音难得

在老子看来，他的学说很简易，他主要是以"无"为本，以"虚静、柔弱、无欲、无为、不争、仁慈、节制、谦让"为主要观点。但他却发现，天下没有人真正了解他，更没有人去实践他的学说。那问题出在哪儿呢？老子发现，他的学说有核心宗旨，有事实根据，但关键还是由于人们不明智，被欲望遮住了慧眼，因而无法了解他的学说。老子悲伤地发现：知音难得。最后，老子自我解嘲道："我这个宣扬大道思想的圣人啊，虽然穿着粗布烂衣，但心里却装满了美玉（美好的思想）。"

原文

吾言甚易知，甚易行。天下莫能知，莫能行。

言有宗，事有君①。夫唯无知，是以不我知②。知我者希，则我者贵③。是以圣人被褐而怀玉④。

注释

①言有宗：言论有主旨；事有君：行事有根据。

②不我知：不了解我。

③则我者贵：能效法我的主张者难能可贵。

④被褐而怀玉：外穿粗陋的衣服，内揣美玉。

译文

我的言论很容易知晓，很容易实行；但天下却没人知晓它，没人实行它。

我的言论有主旨，我的行事有根据。但因为世人在"无为、虚静、无欲的道"面前茫然无知，所以他们不了解我。了解我的人很少，能效法我的主张者将是难能可贵的。因此，圣人就像是"外穿粗陋的衣服，内揣美玉"一样不被世人所了解。

【本章造物思想】

"是以圣人被褐而怀玉。"道家圣人像是"穿着粗陋的衣服，却怀揣着美玉"之人，其外表与外在衣饰或许粗陋不堪，但其内在的精神力量却像美玉一样高尚。由此可见，关注外表与外在修饰之人是浅陋的，是不能真正了解他人的，只有能超越外表与外在修饰，去关注一个人的内在力量和精神世界，才能真正了解一个人。因此，修饰只能美化一个人或一件物的外表，而无法改变其精神世界或内在性质。

因可惜普天之下，绝大多数造物者和管理者都是纵欲者，他们拼命地鼓励造物，宣扬造物以及造物所带来的好处，他们不会想要约束自己、节制欲望、减少造物活动。为此，老子只能慨叹，自己的思想是无法被庸俗之世人听取的，而根本的原因不在于老子的思想很难实行，而在于天下造物者和管理者对于道的无知。正所谓"无知者无畏"，这些人是不会惧怕占有与享乐的，他们宁愿在纵欲的路上成为不归者，也不会回过头来认真瞧一眼老子的真知灼见。所以老子只能略带感伤与自信地说"知我者希，则我者贵"，了解我

的思想的人真的是太少了,但没关系,真正以我的思想为行动指南
的人方才是心灵高贵的、大彻大悟的、言行有度的人啊!

七十一章

【章旨串讲】不知道满足欲望与享乐才是好的

老子认为,在对欲望的追逐上应该"知不知"(知道"自己不懂得逐欲享乐"是件好事,这样能够远离逐欲享乐,不沾"逐欲享乐"的边);而不应"不知知"(因为不觉得"自己懂逐欲享乐"有什么不好,故而已经在逐欲享乐的路上"认贼作父、病入膏肓")。而悟道的圣人不会得那种"不知知"的病,因为他清醒地发现,"不知知"是一种很严重的病,他会远离逐欲享乐,故而永远不"得病"(在逐欲享乐的路上"认贼作父、病入膏肓")。

原文

知不知,尚矣;不知知,病也①。圣人不病,以其病病②。夫唯病病,是以不病。

注释

①知不知:明白自己根本不懂得如何逐欲享乐;尚矣:达到了高级的悟道境界啊;不知知:没有清醒地发现自己已经知道如何逐欲享乐;病也:已经病入膏肓了。

②不病:不会病入膏肓;病病:能把常人的病入膏肓当成病而

警惕之。

译文

悟道的圣人明白"自己根本不懂得如何逐欲享乐",因而达到了高级的悟道境界;常人没有清醒地发现"自己已经知道如何逐欲享乐",所以已经病入膏肓了。圣人不会病入膏肓,是因为他能把常人的病入膏肓当成病而警惕之,所以他不会得那种病。

【本章造物思想】

"知不知,尚矣;不知知,病也。"当一个人不懂得满足欲望与享乐之际,则可谓处于最好的状态,那种沉湎于欲望的满足与享乐却浑然不知的人则已病入膏肓。同理,倘若要做一位高级造物者,也应不懂得欲望的满足与享乐,不能整日花天酒地、醉生梦死而浑然不知;否则,只能成为一位病入膏肓的、胡作非为的低级造物者。

在节制欲望方面,悟道之圣人值得造物者学习借鉴,他从来都清醒地看到纵欲和享乐带给人们的伤害,故而能够"病病"(即把这种病态心理当作病),从而"不病"(即不会滋生这种病态的纵欲和享乐心理)。而造物者只有像悟了道的圣人一样,才不会得这种被纵欲和享乐无尽折磨之病,此即"夫唯病病,是以不病"之深义也。

【章旨串讲】安心乐道方为正途

老子认为,当民众为了逐欲享乐而不惧社会道德和法律威严的时候,就会胡作非为,从而招致祸乱。因此,所有民众都不应讨厌或背弃他所生存的环境,只有适应环境,才不会被它所抛弃。在这方面,悟道的圣人是民众的榜样。他懂得人应该无欲,应爱惜元气和精神;他不自我表现,不自以为是,并坚守无欲无求之道,抛弃欲望追逐之路。

原文

民不畏威,则大威至①。无狎其所居,无厌其所生②。夫唯不厌,是以不厌③。

是以圣人自知不自见,自爱不自贵④。故去彼取此。

注释

①威:威严,此处指道德和法律的威严;大威:此处指天道任其自生自灭的威严。

②狎:音 xiá,蔑视;其所居:自己的居住环境;其所生:自己所拥有的生活。

③前一个"不厌":不厌弃;后一个"不厌":不被厌弃。

④自知不自见:有自知之明,而不自我表现;自爱不自贵:虽自爱但不自以为尊贵。

译文

当民众不畏惧道德和法律威严的时候,那么天道任其自生自灭的威严就要降临了。不要蔑视自己的居住环境,不要厌弃自己拥有的简单生活。只有不厌弃自己目前拥有的环境和生活,才不会被天道所厌弃。

因此,悟道的圣人自知应该虚静无欲而不自我表现、自以为是,他不违背天道;他爱惜自己的简单生活和居住环境,不自以为了不起,不理所当然地认为自己拥有纵欲享乐的权力。所以,悟道的圣人抛弃欲望,独取清净无欲之道。

【本章造物思想】

"无狎其所居",不要蔑视自己的居住环境,从造物的角度来说,与大自然亲近的大然居住坏境是最好的,那些隔绝了大然居住环境的人为造物,不值得提倡。因此,"夫唯不厌,是以不厌",只有不厌弃自己的天然居住环境,才不会被天道和大自然所厌弃。

作为管理者,不能动不动就使用法律来恐吓民众,因为民众忍无可忍的时候,就不再惧怕恐吓了,那动乱就在所难免了。因此,悟道之圣人在管理民众时基本上采取无欲无为的方法,圣人从不自我表现(包括造物方面的才华也不表现出来),从不自以为尊贵(包括成为所有造物者的统领),他抛弃了欲望享乐,而选择了虚静无欲,此即"是以圣人自知不自见,自爱不自贵。故去彼取此"之深义也。

七十三章

【章旨串讲】天道崇"不"

由于老子的思想以"无"为本,因此他所阐扬的天道崇尚无为,崇尚"不"(不发泄欲望)。发泄欲望的典型表现有:勇敢,争强好胜,躁动不安等。而与纵欲者相反的是,悟道之圣人柔弱而不勇敢,他从不争强好胜,不发号施令,不躁动不安,从来都是那么安静坦然。如果把天道比作一张网的话,那么这天网看似很空疏,其实却从未漏掉任何一个人,它罩护着所有人。因此,所有人都须顺应天道,听从天道的话,不去发泄欲望,不胡作非为;若能如此,那么所有人都能安享天年。

原文

勇于敢则杀,勇于不敢则活。此两者,或利或害①。天之所恶,孰知其故?是以圣人犹难之②。

天之道,不争而善胜,不言而善应,不召而自来,绰然而善谋③。天网恢恢,疏而不失④。

注释

①敢:此处指敢于触犯天道;或利或害:有一种有利,有一种

有害。

②其故：其中的缘故；犹难之：也难以逾越它。

③繟：音 chǎn，舒缓，不急迫；善谋：善于谋划。

④天网恢恢：天道犹如一道大网，无限宽广；疏而不失：虽然宽疏，但不失其威严。

译文

勇于敢去触犯天道，就会被天道所杀死；勇于不敢触犯天道，就能活得好好的。这两种情况中，有一种有利，有一种有害。天道所厌弃的，谁知道其中的缘故呢？因此，连圣人都难以逾越天道，都必须遵守天道。

天之道就是不竞争而能获胜，不言说却善于回应，不召唤而能自动到来，不急迫而能谋划得当。由此可见，天网恢恢，它罩护着一切；它虽然宽疏，但不失其威严，如有胆敢违犯者，将立即惩罚之而不延误。

【本章造物思想】

"天网恢恢，疏而不失。"道所造出的天网虽然宽疏，但不会有遗漏，不失其威严，如有胆敢违犯者，将立即惩罚之而不延误。这张天网可谓是道的杰作，是道所造出的最佳物件。

而所有的造物者都在这张天网下生存，没有人能够逾越这张天网，因此，勇于遵循天道的人方能活得好，而勇于违背天道的人必定要被天道所杀掉，而天道为什么厌恶那些违背其的造物者，谁能知道其中的缘故呢？因此，即使作为圣人也得遵循天道。天道的本质特征就是奉劝人们不竞争反而能得胜，不急于求成反而能办成事，毕竟天道是不需要人们的请求和召唤而自动会来保护所有造物者的。

【章旨串讲】应教导民众怕死

老子认为,民众如果不怕死,那就敢胡作非为,死亡对他而言就没有什么恐吓效用了。因此,圣人应教导民众珍惜生命,懂得怕死,然后再把那些弄出奇谋诡计的人抓起来杀了,这样便没有人敢弄奇谋诡计,民众也就变得无欲无虑、生活淳朴了。而在民风淳朴之后,就不要去杀害民众。因为民众自有天道照管其生死,君主如果硬要代老天去杀掉民众的话,那肯定会伤到手的(即"自遗其咎",惹祸上身)。

原文

民不畏死,奈何以死惧之①?若使民常畏死,而为奇者,吾得执而杀之,孰敢②?

常有司杀者杀③。夫代司杀者杀,是谓代大匠斫,希有不伤其手者矣④。

注释

①以死惧之:拿死来恐吓他。

②为奇者:那些制造奇诡邪恶的人。

③司杀者:此处指"天道"。

④大匠:伟大的工匠;斫:音 zhuó,用刀、斧砍;希有:很少有。

译文

如果民众不怕死的话,那怎么能拿死来恐吓他呢? 如果能使得民众总是怕死,对于那些欺诈作奸、好勇斗狠者,我能把他抓起来杀了,那还有谁敢欺诈作奸、好勇斗狠呢?

总有天道负责杀掉那些不守道的人;那些代替天道而去杀人的,就好比代替伟大的工匠去砍削,很少有不弄伤自己手的。

【本章造物思想】

"代大匠斫,希有不伤其手者矣。"那些代替伟大的工匠去砍削的人,几乎没有不会弄伤自己手的。由此可见,那些恃才自傲的人终将自讨苦吃。因此,在造物生涯中,我们常人不要恃才自傲,以为自己属于伟大的工匠,哪知道只有老天方为天地间最伟大的工匠,普通的造物者只是凡俗的工匠而已,因此,切莫代替老天去砍斫万物,否则是要吃大亏的。

而作为造物者的管理者,君主应该教育民众爱惜生命,教育他们不要为了欲望享乐和世俗的利益而胆大妄为、无知无畏,甚至连死都不怕。等大家都爱惜生命了,倘若再冒出一些胡作非为的人来,就可以杀一儆百了。

【章旨串讲】做人不能贪图享乐

老子认为,做人不能贪图享乐,不能多消耗自己的精力,不能强作妄为,不能厚养自己,以免欲壑难填、难以治理,甚至不怕死(即为了厚养自己去铤而走险)。因此,那些不谋求自身享乐的人比那些追求自身享乐的人更为贤明。

原文

民之饥,以其上食税之多,是以饥^①。民之难治,以其上之有为,是以难治。民之轻死,以其上求生之厚,是以轻死^②。

夫唯无以生为者,是贤于贵生^③。

注释

①饥:饥渴难耐、欲壑难填;上食税:从身上征收自己的精力。

②轻死:轻率地走向死亡;上求生之厚:身上厚生纵欲的东西太多了。

③无以生为者:不追求厚生的人;贵生:追求厚生。

译文

民众之所以饥渴难耐,是因为他们从自己身上征收的精力太多了,故而导致欲壑难填。民众之所以难以治理好自身,是因为他们纵欲有为,因而难以治理好自身。民众轻率地走向死亡,是因为他们厚生纵欲的东西太多了,所以会轻而易举地走向死亡。

那些不追求厚生的人比追求厚生的人更为贤明。

【本章造物思想】

"民之饥,以其上食税之多,是以饥。民之难治,以其上之有为,是以难治。民之轻死,以其上求生之厚,是以轻死。"民众之所以饥渴难耐,难以治理好自身,轻率地走向死亡,是因为他们动用了太多的精力,去纵欲有为、厚养生命,从而导致欲壑难填,照顾不好自身,轻易地走向死亡。

从造物角度而言,我们不能为了造出精美的享乐之物而过多地损耗精力,不能为了纵欲而造物,不能为了厚养自己而造物,否则就会欲壑难填,照顾不好自己,甚至过早地走向死亡。从管理的角度而言,统治者千万不能因追求物欲享乐,而去诱导造物者拼命造物以满足统治者之享乐需求,而应不追求任何物欲享乐,才能让民众休养生息,此即"夫唯无以生为者,是贤于贵生"之义也。

196

【章旨串讲】应坚守柔弱

老子认为,在处理与外界(包括他人)的关系之时应坚守柔弱,做到谦让退却,不与外界(包括他人)相争,要恬淡寡欲,方能更好地生存。其原因在于,当人出生的时候身体是柔弱的,死了以后身体便是强硬的;树木也是如此,在它萌芽的时候枝干是柔弱的,死了之后枝干便是枯槁坚硬的;用兵也是如此,必须柔弱退让,方能保全兵力,若是勇武逞强,必将遭遇灭顶之灾。

原文

人之生也柔弱,其死也坚强①。草木之生也柔脆,其死也枯槁②。故坚强者死之徒,柔弱者生之徒③。

是以兵强则灭,木强则折④。强大处下,柔弱处上⑤。

注释

①也:句中语气词,无义;坚强:僵硬。

②柔脆:柔软脆弱。

③徒:一类。

④兵强则灭:强暴地用兵者必将走向灭亡;木强则折:强壮的

树木将会遭受砍伐。

⑤强大处下：强大的只能处于下位；柔弱处上：柔弱的则可处于上位。

译文

人在出生的时候身体是柔软的，而死的时候身体是僵硬的。草木在萌芽阶段是柔软脆弱的，在死亡阶段则是枯槁的。故此，坚强者属于走向死亡一类，柔弱者属于走向生存一类。

因此，强暴地用兵者必将走向灭亡，强壮的树木将会遭受砍伐。强大的只能处于下位，柔弱的则可处于上位。

【本章造物思想】

"草木之生也柔脆，其死也枯槁。"当我们用草木作造物原料的时候，如果想要获得质地柔软的材料，可以选择生机勃勃的草木；如果想要获得质地坚硬的材料，则可选择已经僵硬枯死的草木。"是以……木强则折。"当草木已经僵硬枯死的时候，很容易被强力所折断，此时需要考虑材料的柔韧性与抗压性，以免材料折断，功亏一篑。

而不管是造物者还是管理者，都应在物欲享乐面前柔弱无求，从而避免因强行纵欲、强行享受物质生活而过早地走向死亡。因此，对待物欲享乐，我们还是采取柔弱无求之策为妙，此即"强大处下，柔弱处上"之义也。

197

【章旨串讲】天道均等平衡

老子认为,天道就像张弓射箭,弦位高了,就把它压低一点,弦位低了,就把它抬高一点,弦绷得太紧了,就放松一点,弦拉得太松了,就拉紧一点,这样才能射中目标。天道的特点是万物均等("天地不仁,以万物为刍狗",天道让万物自生自灭,从不干涉它们),它引导万物走向身心平衡(身体需要什么,心里才应想什么,切莫去追求身体需求之外的、多余的东西)。那些不曾悟道的人,他们的行事原则是损害不足的(元气和虚静),奉养有余的(欲望享乐)。只有悟了道的圣人才能做到元气充足、虚静有余,不贪图欲望享乐,在奉养天下(即治理天下)时能推行无为而治的方略,若是成功了也不恃功自傲,因而,他在"不欲"(没有欲望,不起欲望)方面表现得非常好。

原文

天之道,其犹张弓与①?高者抑之,下者举之,有余者损之,不足者补之②。天之道,损有余而补不足。

人之道则不然,损不足以奉有余。孰能有余以奉天下,唯有道者③。是以圣人为而不恃,功成而不处,其不欲见贤④。

注释

①张弓:拉弓;与:感叹词,相当于"吧"。

②高者抑之:高的就把它压下去;下者举之:低的就把它抬上来;有余者损之:多余的就减损它。

③损不足以奉有余:减损不足的以奉养有余的(此处意为损害本就不足的精力以奉养有余的欲望);孰能有余以奉天下:谁能拿有余的来奉养天下(此处意为谁能拿有余的精力来治理天下)。

④不恃:不恃才自傲;不处:不居功自傲;见贤:表现自己的贤能。

译文

天道大概就像是拉弓吧?弓高了就压下来一点,弓低了就抬上来一点,弓弦过长了就去掉一点,弓弦不够时就增加一点。天道的运行规则就是减去多余的而弥补不足的。

常人的为人之道就不是这样的,他们损害不足的(精力)以奉养有余的(欲望)。能在有余(精力有余)的时候,将之(有余的精力)奉养天下(治理天下),唯有得道者能这样做。因此,得道之圣人治理好了天下却不恃才自傲,功成了而不居功自傲,因为他不想表现出自己是多么贤能的样子。

【本章造物思想】

"天之道,其犹张弓与? 高者抑下,下者举之,有余者损之,不足者补之。"老子用拉弓来比方天道"损有余而补不足"的均等平衡规则。而从造物角度来讲,一张弓做得好不好,一是要看其弓是否弧线均等,不能有的地方凸出了,有的地方低洼了,如果有的话,则需把凸出的地方削平,把低洼的地方补齐;二是要看其弦是否松紧适当,太松了则去掉一些,太紧了则增加一些。只有弓和弦都匀称适度,才算造出一把好弓。

若从管理的角度而言,统治者不能纵欲,不能剥夺贫苦百姓的生活所需,不能"损不足以奉有余",而应做一位无欲无求的有道者,帮助百姓"休养生息、自得其乐、自在生活",使得百姓不知道还有统治者的存在,此即"是以圣人为而不恃,功成而不处,其不欲见贤"之理也。

【章旨串讲】圣人坚守柔弱

老子认为，柔弱能战胜刚强。他要求全天下的人都柔弱起来，但绝大多数人不会听他的，以至于老子举证的"水最柔弱，而只有水才能攻克一切坚强的东西"只能成为美文，只能供人欣赏而已。而只有悟道的圣人能够坚守柔弱，他谦卑、忍让、不争，他承受着各种屈辱和灾祸。因为他明白：天下若未治理好，主要在于自己推行无为无欲的思想不到位，还需继续推行下去，直至全天下的人都能无为无欲，只有这样，天下才会太平。正因为圣人能够坚守柔弱，虚静无为，无私无欲，不与民争利，故而他能治理好一个国家，乃至于全天下。

原文

天下莫柔弱于水，而攻坚强者莫之能胜，以其无以易之①。弱之胜强，柔之胜刚，天下莫不知，莫能行②。

是以圣人云："受国之垢，是谓社稷主；受国不祥，是为天下王。"③正言若反。

注释

①易之:替代它。

②莫能行:没有人能够实行它。

③受国之垢:承受一个国家的污垢(屈辱);社稷主:一国之主;受国不祥:承受一个国家的灾祸。

译文

天下没有比水更柔弱的,可是攻取坚强者则非之莫属,因为它的功用没有任何东西可以替代。弱战胜强,柔战胜刚,天下人没有不知道的,但却没有能够实行的。

因此,悟道的圣人说:"若能承受一个国家的污垢(屈辱),这才叫作一国之主;若能承受一个国家的灾祸,这才叫作天下之王(天子)。"这句正话听起来好像是反话啊!

【本章造物思想】

"天下莫柔弱于水,而攻坚强者莫之能胜,以其无以易之。"古人在造物的时候,有时候会用水去帮助磨砂,以此来琢玉。而现代在建造水坝或水电站的时候,则需考虑到水能攻克一切坚强者的危险性,千方百计把水坝和水电站筑牢来。

从对造物者的管理角度而言,统治者不应在欲望享乐面前逞强,而应柔弱无欲,只有这样,才能成为普天之下造物者的统领,此即"受国之垢,是谓社稷主;受国不祥,是为天下王"之深义也。

【章旨串讲】圣人待人宽容

老子认为,圣人帮助百姓无为无欲,却从不收取苛捐杂税、欺压百姓以滋生怨恨。因为他明白,一旦百姓产生巨大的怨恨(比如欺压百姓太甚了),若再以"德"调和怨恨的话,必将遗留下许多小的怨恨。因此,圣人能够未雨绸缪,从不让百姓感觉到有什么负担和压迫,甚至会让百姓感觉不到他的存在。而这种无为而治才是最好的治国方略。由此可见,天道从不搞什么"孰亲孰疏",它总是把最好的结果送给最善于悟道的人。

原文

和大怨,必有余怨①。报怨以德,安可以为善②?

是以圣人执左契,而不责于人③。有德司契,无德司彻④。天道无亲,常与善人⑤。

注释

①和大怨:调和大的怨恨;必有余怨:必定留有小的怨恨。

②安可以为善:怎能算是妥善解决问题的办法呢?

③执左契:拿着借据的存根;责于人:不要别人偿还。

④有德司契：有德之人总是拿着借据的存根而不索求偿还；无德司彻：无德之人总是拿着借据的存根而立马索求偿还。

⑤无亲：没有孰亲孰疏之偏见；与：给，给予。

译文

调和大的怨恨，必定留有小的怨恨。此时，即便是以德报怨，又怎能算是妥善解决问题的办法呢？

因此，治国之圣人即便是拿着借据的存根，也不会向人索求偿还。由此可见，有德之人总是拿着借据的存根而不索求偿还，无德之人总是拿着借据的存根而立马索求偿还。因此，天道没有孰亲孰疏之偏见，它总是把好结果给予那些善于悟道的人。

【本章造物思想】

"和大怨，必有余怨。"调和大的怨恨，必定会留有小的怨恨，如果以前做得过分了，到后来再想弥补（甚至是"报怨以德"）的话，也无济于事了。同理，作为造物企业或创意公司的管理者也需深悟此道，对待下属或职员不要过于严苛，不能随便惩罚打击他们，要做一位善人，毕竟"天道无亲，常与善人"嘛！

作为治国之圣人，即使对普天之下的造物者握有生杀大权，也不能让普通的造物者为了统治者的欲望享乐而当牛做马，而应大发善心，不干扰普通的造物者的日常生活，只有这样，才算是顺应天道，此即"是以圣人执左契，而不责于人。有德司契，无德司彻。天道无亲，常与善人"之道义所在也。

【章旨串讲】崇尚"无"之国度

老子的思想以"无"为本,他希望在悟道圣人的不懈努力下,能创造出一个崇尚"无"的国度来。在这个国度里,虽然国家小,民众少,但没有关系,因为君主(悟道圣人)已经无虑无欲了,他根本不需要依靠搜刮与欺压百姓来满足私欲。在这个国度里,所有的民众都崇尚"无",都能做到无欲(除简单的生存和身体健康之外,没有别的欲求)、无知(没有那些智巧奸诈)、无为(不会胡作非为以满足欲望)、无争(不会靠争斗或掠夺别人来满足自己的欲望)。因此,即使有十倍、百倍便利的器具也没人使用它,民众特别看重生命和身体健康,不会外出寻找宝物或快乐,不会因为争斗而拿起武器,他们的纯朴无欲已接近远古时期的结绳记事阶段了。在这个崇尚"无"的国度里,民众是极易管理的,因为他们已经对简单的食物、衣服、居所和习俗都非常满足,不会因为好奇或是逃难而到邻国去,甚至本国民众之间也是老死不相往来的,因为他们只在乎自己的生命和身体健康,从不好奇地打听别人的隐私,更不会想要从别人身上得到什么。

原文

小国寡民①。使有什伯之器而不用;使民重死而不远徙;虽有舟舆,无所乘之;虽有甲兵,无所陈之②。使人复结绳而用之③。至治之极④。

甘美食,美其服,安其居,乐其俗,邻国相望,鸡犬之声相闻,民至老死不相往来⑤。

注释

①小国寡民:国家要小,民众要少。

②什伯之器:各种各样的便利器具;重死:看重生死;舟舆:船和车;甲兵:兵甲武器;陈:陈列,使用。

③结绳而用之:用结绳的方法来记事。

④至治之极:达到了治理的最好状态。

⑤甘美食:以其饮食为美;美其服:以其服饰为美;安其居:以其居所为安逸舒适;乐其俗:以其习俗为乐。

译文

国家要小,民众要少。即使有各种各样的便利器具也不去使用它;使得民众看重生死而不远徙;即使有车船也没人乘坐它;即使有兵甲武器也不用它来打仗;使得民众回到结绳记事的淳朴年代里去。若能如此,国家的治理便算是达到了最好的状态。

这时,民众喜欢简单的饮食、简单的服饰、简单的居住、简单的习俗;邻国之间即便互相看得见,鸡犬之声相互听得见,民众也老死不相往来,而且国家之间没有任何争斗和战乱。

【本章造物思想】

"小国寡民。使有什伯之器而不用",老子崇尚的是小国寡民,在那样的国度里,即便有十倍、百倍便利的器具,也没人使用它,即使有车船，也没人乘坐它，即使有兵器，也没有机会使用它。由此可见，老子更喜欢没有造物的结绳记事年代，在那样的年代，吃穿住行都极其简单，习俗也特别简单，但民众却心满意足、其乐融融。进而言之，老子其实不崇尚制造奢华的、多余的器物来服务于纵欲的需要，也不主张制造那些特别便利的器物，而是主张回到器物极其简单的远古时代去，以免因造物需求的驱动而动用智力，因为智力一旦被发动的话，就容易诱发欲望享乐，从而使人不再淳朴知足。

当然，对于满足最基本的生活所需的造物，老子是不反对的，他提倡的是让生活所需尽量变得简单一些，把多余的物欲享乐抛弃掉，此即"甘美食，美其服，安其居，乐其俗"之内涵也。至于国与国之间，也不应以大欺小，大国不能企图依傍武力而掠夺小国，大国民众同样应像小国百姓一样不胡乱造物、纵欲享乐，从而实现"邻国相望，鸡犬之声相闻，民至老死不相往来"的互不侵犯、和平共处的理想的国家关系。

八十一章

【章旨串讲】圣人不积不争

老子认为,他的思想言论具有"不"的特色,即不美(不好听)、不辩(不能言善辩)、不博(不知识广博),但它们却是诚信的、善意的、见解通达的。同时,老子也认为天道助人,它从来都庇护万物,而不伤害万物。悟道圣人在治国时从不与民争利,不为自己积累任何财物,他总是无私地帮助民众,他给予民众的越多,得到的安宁也就越多。

原文

信言不美,美言不信。善者不辩,辩者不善。知者不博,博者不知①。

圣人不积,既以为人己愈有,既以与人己愈多②。天之道,利而不害;圣人之道,为而不争③。

注释

①信:真诚的;美:华美的;博:博学。

②积:囤积;为人:帮助别人;与人:给予别人。

③利而不害:有利于它而不伤害它;为而不争:帮助它而不与之相争。

译文

真诚的言辞不华美，华美的言辞不真诚。善于悟道的人不争辩，喜欢辩论的人悟不了道。了解道的人不追求博学，追求博学的人无法了解道。

圣人不囤积自己之所知与所有，他给予人的帮助越多，自己就越富有；他给予人的东西越多，自己拥有的就越多。据此可知，天道有利于万物而不伤害万物；圣人所奉行的道就是帮助他人而不与人相争。

【本章造物思想】

从造物的角度而言，老子自始至终都在奉劝造物者应虚静无欲、抛弃物欲享乐，他的这些话令很多人觉得非常厌恶，因此，老子明白"信言不美，美言不信"。但老子也不过多地列举理由为自己辩解，他深知"善者不辩，辩者不善"之理。在众人面前，他总说自己像愚人、婴儿，他明白"知者不博，博者不知"之理。老子的话值得所有的造物者和管理者深思。因为，"圣人不积，既以为人己愈有，既以与人己愈多"。圣人不囤积自己之所知与所有，他总是乐于助人、乐善好施，可他所拥有的非但没有减少，反而增多了。同理，作为现实生活中的造物者也应乐于助人、乐善好施，这样一来，他所拥有的道德就会越来越充足，他的人格境界就会越来越高尚，而他与圣人的距离也会缩短一些。

总之，老子从不和人争论，他只是尽心尽责地把自己感悟到的话语说出来而已，他相信自己的话语能够顺应天道，去帮助需要解脱欲望困苦的人们，而不会诱导民众穷奢极欲进而伤害民众的虚静无欲之美好生活与养心境界，此即"天之道，利而不害；圣人之道，为而不争"之至理也。

本论著是著者首次尝试从艺术设计学的角度,全面解读《老子》的设计美学思想之著述。本论著所采用的《老子》原文主要参考了陈鼓应《老子注译及评介》(中华书局,1984 年版)和徐澍、刘浩注译《道德经》(安徽人民出版社,1990 年版)。本论著的思路虽然颇为新颖,但因著者学识水平有限,书中存在不少牵强附会与过度阐释之处,还请各位方家批评指正!本人的联系邮箱为 wzhq2230@126.com,热切期待您提出宝贵的修改意见!

从江西南昌调到广西河池学院已有将近一个年头,这一年本人经历了许多坎坷挫折,感受到了许多人情冷暖,而这些经历似乎可视为本人的奇妙人生之简略缩影。

衷心感谢河池学院文学与传媒学院各位领导的关心和照顾,在此道一声:谢谢!

最后,谨以小诗一首作结:

宜州之夏

昨夜通宵雨,轰轰雷电鸣。

今朝雨绵绵,花木湿淋淋。